PASCHAL GROUSSET & FR. JOURDE

LES
CONDAMNÉS POLITIQUES

EN

NOUVELLE - CALÉDONIE

RÉCIT DE DEUX ÉVADÉS

GENÈVE
IMPRIMERIE RÉMOLE ET ...

PASCHAL GROUSSET & FR. JOURDE

LES

CONDAMNÉS POLITIQUES

EN

NOUVELLE-CALÉDONIE

1935

RÉCIT DE DEUX ÉVADÉS

GENÈVE

IMPRIMERIE ZIEGLER ET C°, RUE DU RHONE, 52

1876

T 1 57

SOMMAIRE

INTRODUCTION

I.

A la fin de mai 1871, après l'écrasement de la Révolution de Paris, quand l'armée de Versailles fut lassée de huit jours de massacre, quarante ou cinquante mille prisonniers restaient encore entre ses mains. Entassés dans les prisons, dans les camps militaires, dans les caves des palais, dans les batteries des pontons, cette multitude d'hommes, de femmes et d'enfants était le lourd fardeau de la victoire. Qu'en faire et comment s'en débarrasser? L'assembler sur le plateau de Satory et la mitrailler sans merci, comme le proposaient ouvertement divers journaux « *honnêtes et modérés ?* » La remettre en liberté pure et simple, effacer par une amnistie générale les dernières traces de la guerre civile, comme osaient le proposer quelques hommes courageux? Entre ces deux systèmes un terme moyen fut choisi par le gouvernement indécis qui présidait alors aux destinées de la France. On ne mitraillerait plus en masse, mais on n'amnistierait pas. Un triage serait opéré par des commissions militaires pour séparer l'ivraie du bon grain : l'ivraie serait fusillée, mise au bagne ou déportée.

Une centaine d'officiers instructeurs furent chargés de fournir à dix-huit cours martiales leur pâture quotidienne d'ac-

cusés. Depuis cinq ans ces tribunaux d'exception n'ont pas
cessé de fonctionner : au mois de mai dernier ils avaient pro-
noncé plus de *quatorze mille* condamnations à mort, aux travaux forcés, à la déportation, à la prison, et ces jugements, à
des rares exceptions près, ont reçu leur exécution.

Plus de quatre mille hommes ont été déportés en Nouvelle-
Calédonie. Nous avons été de ce nombre. Échappés comme
par miracle de cet enfer, nous venons porter témoignage de
ce que nous avons vu, faire appel à la conscience humaine, la
sommer de juger entre nous et nos vainqueurs. Nous ne de-
mandons au lecteur que de nous lire d'un esprit impartial, et
de nous faire l'honneur de croire que nous n'avançons pas un
seul fait sans être en mesure de le prouver.

Devant les cours martiales, les faits de guerre les plus ordinaires recevaient des qualifications nouvelles : l'usage d'une
arme à feu dans le combat était dénommé « assassinat » et la
réquisition régulière au cours de la lutte était qualifiée « vol ».
L'une ou l'autre de ces accusations, souvent faiblement éta-
blie, entraînait la peine de mort ou les travaux forcés, c'est-
à-dire la *transportation* avec travail obligatoire. Mais, le ministère public était-il impuissant à opposer un fait quelconque
de cette nature à l'accusé, il trouvait dans le code une arme
commode : la *déportation*, qui punit « l'attentat » contre le
gouvernement du jour.

Cette peine a été appliquée plusieurs fois en France depuis
1795: elle consiste aux termes de la loi « à être transporté et à
demeurer perpétuellement dans une colonie française. » L'Assemblée législative de 1850, par une loi spéciale a établi deux
sortes de déportation, la *déportation simple* et la *déportation
dans une enceinte fortifiée*, et désigné l'île de Nouka-Hiva,
dans le groupe des Marquises, comme lieu d'application de ces
deux peines. L'Assemblée de Versailles, modifiant cette dispo-

s:tion en 1872, a désigné la presqu'ile Ducos comme lieu de
déportation dans une enceinte fortifiée, et l'ile des Pins comme
lieu de déportation simple. Ces deux territoires sont compris
dans les possessions françaises de la Nouvelle-Calédonie.

Aussitôt frappés par la condamnation à la déportation, les
prisonniers étaient enfermés dans des voitures cellulaires, les
mêmes qui servent pour les plus vils criminels, et après un
voyage long et pénible, internés dans l'un des quatre dépôts
institués dans les deux rades de Brest et des Trousses : le fort
Boyard, le château d'Oléron, la citadelle de Saint-Martin de
Ré, le fort de Quélern. Le fort Boyard, où nous avons attendu
près d'un an le navire qui devait nous conduire en Nouvelle-
Calédonie, est une énorme tour bâtie sur un banc de sable,
isolée au milieu des eaux et inaccessible pour peu que la mer
soit grosse. Nous faisions partie du premier convoi de prisonniers et nous y sommes arrivés par une froide matinée d'octobre, en même temps que le directeur, les geoliers et la garnison chargée de nous garder. La traversée s'était faite à fond
de cale, les pieds dans l'eau, l'estomac vide depuis vingt-quatre
heures. Nous avons trouvé pour nous réconforter, des casemates nues, où l'on nous a logés par groupes de dix hommes
et qui pour tout mobilier avaient un canon. Pas un lit, pas un
matelas, pas même une botte de paille pour reposer nos membres meurtris. Après plusieurs heures d'attente, nous avons
vu arriver pour notre repas une auge d'une saleté repous-
sante, telle que le plus pauvre paysan n'oserait l'offrir à ses
porcs, dans laquelle nageaient des haricots; chacun de nous
reçût un biscuit et l'information qu'il fallait se passer de cuil-
lère, de fourchette et de couteau, ces ustensiles pouvant devenir des armes dangereuses. Naturellement nous avons préféré nous contenter de ronger notre biscuit que nous plier à
une règle aussi avilissante: il a fallu huit jours d'abstinence

pour déterminer le directeur à télég aphier à Versailles et à nous faire distribuer des cuillères et des écuelles personnelles ; il a fallu trois mois pour avoir un lit Nous ne parlons pas des souffrances morales, des mille persécutions basses dont nous étions l'objet, de l'inquisition incessante sur notre correspondance, qu'il fallait recevoir et envoyer ouverte et limitée à notre famille. Nous prenions l'air une fois par jour sur la terrasse du fort : elle était si étroite que nous étions obligés de nous mettre à la file et de courir les uns derrière les autres, comme des chevaux de manége, pour dégourdir nos membres. Toute la garnison était sous les armes pendant cet exercice, quoique nous fussions séparés d'elle par deux ou trois grilles ; et la nuit, le vaillant officier qui commandait le fort, ne s'endormait pas sans faire coucher dix soldats en travers de sa porte. Si dure que fût notre prison, nous avons su depuis qu'au fort Boyard nous étions en quelque sorte privilégiés ; au château d'Oléron, les prisonniers étaient rasés dès leur arrivée, de gré ou de force ; entassés dans des caves humides, au milieu d'une armée de rats auxquels il devaient disputer leur misérable pâture ; jetés au cachot et enchaînés au moindre prétexte.

Ainsi se sont passés les mois de l'hiver 1871-1872. Au printemps nous avons appris que la loi sur le régime de la déportation avait été votée, que notre départ était imminent et qu'une commission parlementaire avait été nommée pour statuer sur les demandes des condamnés qui signeraient un recours en grâce. Un à un on nous a appelés devant le Directeur pour déclarer notre intention à cet égard. Nous pouvons le dire à l'honneur de notre parti, un très-petit nombre de prisonniers ont eu la faiblesse de courber la tête devant la force et de signer un recours, à l'heure suprême où tout refus de le faire était suivi d'un ordre immédiat de départ.

Mais nous devons aussi à la vérité de constater que jamais un Tibère ou un Caligula ne s'est montré plus insensible que la commission versaillaise. Le nombre des commutations qu'elle a accordées est très-restreint et toujours dû à des influences personnelles de la nature la moins avouable. La plupart du temps ces commutations sont une dérision : une des plus ordinaires est le changement de la déportation dans une enceinte fortifiée en déportation simple.

La visite médicale prescrite par la loi avant l'embarquement d'un condamné était une comédie plus sinistre encore. L'un après l'autre, les prisonniers étaient amenés devant une commission de chirurgiens de marine dont le président leur demandait s'ils n'avaient pas de motifs d'exemption à faire valoir. Sur la réponse négative il prononçait aussitôt : *Bon pour le départ !* et passait à un autre. En cas d'affirmation, il frappait deux petits coups sur la poitrine du condamné, y appliquait un instant son oreille, puis il disait de même : bon pour le départ ! Nous nous rappelons tous un de nos camarades, le citoyen Corcelles, un des plus braves défenseurs de la Commune, et qui était atteint d'une phthisie pulmonaire du caractère le plus grave. Douloureusement éprouvé par les souffrances de la guerre, des deux siéges et d'une pénible captivité, il pouvait à peine, en se traînant devant la commission, se soutenir sur ses jambes. A la question du président, il répondit seulement par un triste sourire. Et comme un des plus jeunes membres de la Commission ému de pitié à la vue de ce cadavre ambulant, se penchait à l'oreille du vieux chirurgien et sans doute implorait un sursis, celui-ci dit assez haut pour être entendu du malade et de plusieurs autres prisonniers : « *Bah ! il faut bien que les requins mangent !* » Les requins, en effet eurent à manger : moins de trois semaines plus tard, nous étions en mer, notre ami Corcelles était mort, et nous

jetions ses restes au réservoir commun. Nous devons donner
le nom de cet ami des squales: il s'appelle le docteur Chanal.

Sur les quatre mille condamnés qui ont ainsi défilé devant
lui, on ne cite pas dix cas d'exemption. Encore pourra-t-on
juger des motifs qui ont pu les lui dicter quand on connaîtra
le fait suivant. M. Edmond Adam, alors député de la Seine,
étant venu à l'Ile de Ré visiter Rochefort qui y était interné,
vit se présenter à son hôtel une jeune femme qui lui proposa,
pour la faible somme de mille francs, de faire surseoir, par
le chirurgien en chef, au départ de son ami. Elle n'avait qu'un
mot à dire, déclarait-elle, et le vieillard était tout à ses ordres.
M. Edmond Adam prit des informations et s'assura de la réalité de cette puissante influence; inutile de dire qu'il n'en usa
pas, et se contenta de divulguer la proposition.

Les premiers départs eurent lieu au mois de mai 1872, à
bord des frégates la *Danaé* et la *Guerrière*. C'est sur ce dernier navire que nous fûmes embarqués, et comme le régime
qui nous fut fait a été celui des huit autres transports à voile
qui ont successivement pris leur chargement de déportés pour
la Nouvelle-Calédonie, savoir la *Garonne*, le *Var*, l'*Orne*, le
Calvados, la *Virginie*, la *Sybille*, on peut appliquer à tous ce
que nous avons à en dire.

La *Guerrière* emportait 700 proscrits. Nous étions logés
dans les batteries basses du navire, divisés par d'énormes
grilles de fer en quatre cages de 175 prisonniers. Chacun avait
pour tout bagage un sac de toile contenant quelques mauvais
vêtements fournis par l'Etat. Pour coucher, une toile de hamac
sans matelas : les hamacs, bien entendu, ne pouvant être accrochés que le soir et devant pendant le jour être roulés sur
les filets. Nous avons calculé que l'espace réservé à chaque
homme, dans ces cages, n'était pas d'un mètre cube. Quand
les hamacs étaient tendus, les corps se touchaient les uns les

autres et à chaque coup de roulis les rangées de droite pesaient sur les rangées de gauche et réciproquement. On peut difficilement imaginer un supplice plus horrible que celui de ce contacte incessant, monotone, prolongé pendant toute une longue nuit, dans l'atmosphère viciée des batteries. Pendant le jour nous avions presque constamment les pieds dans l'eau qui inondait la batterie. Notre alimentation était exclusivement salée, sans ration de vin ni d'eau de vie ; nous n'avions quotidiennement droit, pour boisson et pour nos ablutions, qu'à 3|4 de litre d'eau. Les cages étaient ouvertes successivement une fois par jour, pour une promenade d'une demi-heure sur le pont, ou plutôt pour une station d'une demi-heure, car l'espace qui nous était réservé était si étroit qu'il était possible seulement de piétiner sur place. Qu'on ajoute à un tel régime l'assaisonnement des violences et des grossièretés que nous avions à subir de la part des surveillants qui montaient la garde, revolver au poing, autour de nos cages, et l'on se fera une idée de ce que peut être un tel voyage, prolongé pendant cinq à six mois, en passant par les chaleur torrides de l'équateur et les froids des mers australes.

Ces conditions si dures déjà, le caprice et la férocité d'un commandant fanatique les a souvent aggravées encore. On doit donner la palme à cet égard, au capitaine Riou de Kerprigent, commandant de la *Danaé*, qui avait imaginé d'imposer aux déportés, contrairement aux règlements les plus précis, ce qu'on appelle à bord les *corvées*. Quand ils s'y refusaient, il les jetait aux fers et les privait de nourriture : nous pouvons citer les noms de trois proscrits, les citoyens Bauer, Cipriani et Malzieux, le dernier âgé de *soixante-huit ans*, qui ont passé quatre-vingts jours à fond de cale, les fers aux pieds, avec un biscuit par jour comme aliment, pour s'être refusés à plier devant une exigence humiliante et illégale. Pendant quatre-vingts jours, ce misérable est venu tous les matins leur demander en ricanant s'ils voulaient céder, et il a fallu l'arrivée du navire en Nouvelle-Calédonie pour mettre fin à cette torture. Il faut citer encore le nom du commandant Lapierre, qui a eu le bonheur d'avoir à son bord un journaliste qui l'avait attaqué, le citoyen Brissac, et qui s'est donné le plaisir délicat de lui faire expier ses articles par une persécution quotidienne au cours d'une traversée de cent cinquante jours.

Un seul fait frappe d'étonnement, quand on a vu ces choses, c'est que la mortalité n'ait pas été plus considérable à bord des transports. Elle n'a pas été ce qu'on pouvait craindre, et ce résultat est dû sans doute à la rude école que la guerre et les deux siéges avaient été pour nous; mais il est peu de proscrits dont la santé n'ait pas été atteinte pour toujours. Les rhumatismes, les maladies chroniques de la poitrine et du larynx, les ophthalmies ont frappé presque tous les déportés; la plupart ont eu des symptômes de scorbut, et le monde n'a pas encore oublié cette dépêche étonnante du gouvernement de Versailles à propos du transport l'*Orne :* « Les nouvelles du transport l'*Orne*, transmises par la presse anglaise, sont de tout point inexactes; loin d'avoir quatre cent vingt scorbutiques, ce navire en comptait trois cent soixante *à peine.* »

Au milieu de ces souffrances, les proscrits étaient soutenus par l'espoir. Ils savaient qu'ils quittaient sans retour leur patrie et leur foyer; derrière eux ils laissaient tout ce qu'ils avaient de cher; autour d'eux ils ne voyaient que misère et douleurs; mais on leur avait dit qu'au terme du voyage ils trouveraient la liberté, une terre riche et neuve, un travail lucratif, la fortune possible; on leur avait dit qu'ils n'auraient qu'à faire un signe pour être rejoints par leurs familles aux frais de l'Etat, ou pour s'en créer une nouvelle, s'ils n'en avaient pas encore formé. Les journaux célébraient les splendeurs de la terre promise, et du haut de la tribune le rapporteur de la loi sur le régime de la déportation, M. d'Haussonville, saluait d'un œil attendri, dans cette émigration forcée, les commencements d'un nouvel *empire français* en Océanie. Les déportés écoutaient tout cela : ils ne le croyaient qu'à demi ; mais en dépit d'eux-mêmes, ils espéraient. La réalité leur réservait un douloureux réveil.

Après avoir franchi les récifs qui entourent la Nouvelle-Calédonie d'une ceinture de corail, en entrant dans la rade de Nouméa, les proscrits apercevaient à travers les grilles de leurs sabords, une terre jaunâtre et escarpée ; à gauche c'étaient les dentelures de la presqu'île Ducos, assignée aux déportés dans une enceinte fortifiée ; à droite les hauteurs de l'île Nou, consacrée aux bagnes. Quant aux déportés simples, jusqu'à ce jour restés réunis aux déportés dans une enceinte fortifiée, ils ne pouvaient encore prendre une idée de leur territoire, l'île des Pins, située à vingt lieues dans le Sud. Ces établissements ont des caractères distincts et doivent être décrits séparément. Le hasard ayant voulu que les deux rédacteurs de ces récits aient été l'un déporté simple, l'autre déporté dans une enceinte fortifiée, chacun ne racontera que ce qu'il a vu de ses yeux.

II

La presqu'île Ducos.

La presqu'île Ducos, assignée par la loi de 1872 aux déportés dans une enceinte fortifiée, est une bande de terre aride et sablonneuse, qui ferme le côté nord de la rade de Nouméa. Le motif qui l'a fait choisir est, paraît-il, sa proximité du chef-lieu et les facilités que présente naturellement, au point de vue de la défense militaire, une petite péninsule reliée à la grande terre par un isthme très-étroit. Sa superficie est d'environ mille hectares ; son aspect est triste et désolé. Elle est formée d'une série de petites collines, contrefort de la chaîne centrale de l'île ; la faible couche de terre végétale déposée sur les roches volcaniques qui, en constituent la charpente, est couverte d'un herbe jaune brulée par le soleil. Entre ces collines des ravins sont profondément creusés par les pluies, et s'élargissent vers la mer en marécages où croissent quelques palétuviers. De loin en loin, un arbre au tronc blanchâtre, aux branches inclinées par le vent dans une direction uniforme, semble une sentinelle perdue dans le désert : c'est le *niaouli*, sorte d'eucalyptus particulier au pays. Pas un seul cours d'eau. Pendant deux mortelles années passées à la presqu'île Ducos, nous n'avons eu à boire que de l'eau apportée par mer dans des futailles, ou recueillie à la saison de pluies, dans des fosses où elle ne tarde pas à devenir saumâtre.

Tel est le territoire où huit cent cinquante proscrits ont été successivement débarqués. Aux termes de la loi, ils doivent y rester cinq ans avant de pouvoir obtenir d'en sortir pour s'établir sur la grande terre ; et cette autorisation même étant soumise au caprice du gouverneur et nécessitant une démarche que la plupart des déportés se refusent à faire, cela revient à dire que le plus grand nombre est condamné à perpétuité à habiter la presqu'île Ducos.

A l'arrivée, les déportés sont répartis en cinq ou six camps formés de baraques en planches et de huttes militaires hors de service, où l'on étouffe pendant l'été, où l'on patauge dans la boue pendant la saison des pluies. Chaque abri reçoit douze hommes, qui ont chacun un hamac pour couchette, et pour ustensiles communs une marmite et une cruche. Les vivres sont distribués chaque matin à un guichet spécial, et se composent quotidiennement de 250 grammes de viande avariée ou de lard rance, 750 grammes de pain ou biscuit, 100 grammes de haricots secs et 16 grammes de café.

L'administration, qui distribue ces vivres crus, n'alloue au déporté ni combustible, ni substance grasse ; il faut pourtant qu'il arrive à les faire cuires, s'il veut manger. Mais cette difficulté est devenue si épineuse, quand le peu de bois qui se trouvait autour des camps a été épuisé, qu'un grand nombre de proscrits a pris l'habitude de consommer sa viande ou son lard absolument crus. Quant aux haricots, il a été reconnu après de nombreuses expériences, faites sous la direction de cuisiniers de premier ordre, tels qu'il s'en trouve nécessairement dans une proscription parisienne, qu'il fallait renoncer à l'espoir de les ramollir, et par conséquent de les utiliser.

Si l'on ajoute à ces vivres une distribution annuelle de vêtements, savoir : un costume de toile, un costume de laine, deux chemises et deux paires de ces fameux souliers à semelles de carton que la guerre de 1870-71 a rendus célèbres, on aura

le tableau complet des libéralités que l'administration coloniale réserve au déporté.

Disons tout de suite que s'il en exprime le désir, la loi lui
donne le droit de se construire une habitation personnelle et
que s'il veut tenter un essai de culture on lui alloue un lot
de terre de quelques mètres. Mais comme on ne lui fournit
ni outils, ni semences, ni matériaux d'aucun genre, ces tentatives sont nécessairement très-limitées: le sol de la presqu'île Ducos est presque partout impropre à la culture ; la di-
sette d'eau la rend impossible pendant la plus grande partie
de l'année: aussi est-ce à grand'peine et au prix des plus
énergiques efforts qu'un ou deux jardiniers émérites ont
réussi à faire venir quelques choux et quelques radis. On
peut dire que c'est avec leurs ongles qu'ils ont défriché la
terre et qu'ils l'ont arrosée de leur sueur. Quant aux habitations personnelles, elles se composent de quelques pauvres
cabanes en terre, couvertes d'herbe et de branchages, plus
misérables que les huttes des sauvages. Généralement grou-
pées autour des camps, sans ordre et sans symétrie, elles constituent deux ou trois tristes villages, accrochés au flanc des
collines. Au-dessus de ces villages sont placées les casernes
des surveillants ; sur toute la ligne des hauteurs court un
cehmin stratégique, armé de canons et de mitrailleuses et par
où un cordon de sentinelles, espacées de distance en distance,
se relie à un camp d'infanterie de marine, établi sur l'isthme
qui rattache la presqu'île à la grande terre.

Le commandant militaire est installé avec une garde nombreuse au bord d'une petite baie qui sert de port. Il est interdit d'y aborder sans une autorisation spéciale, et tout navire ou embarcation qui passe en vue du territoire doit s'en
tenir éloigné de 1000 mètres. Des rondes sont faites incessam-

ment par des chaloupes et des canonnières à vapeur, pour veiller à l'exécution de cette consigne.

Tout acte d'initiative individuelle, toute entreprise commerciale, industrielle ou artistique est soumis à la formalité d'une autorisation préalable, rarement demandée et presque toujours refusée. Le ton ordinaire des surveillants chargés de la garde des déportés est grossier et agressif. Au moindre prétexte ils se jettent sur vous, vous assomment et vous traînent au cachot. Le délit le plus léger entraîne la comparution devant un conseil de guerre, et l'accusé étant toujours considéré comme *récidiviste*, le maximum de la peine lui est appliqué. Un simple pugilat, par exemple, qui dans la vie ordinaire entraînerait une faible amende ou quelques jours de prison, peut ainsi entraîner une condamnation à plusieurs années de détention avec travail obligatoire. Nous citerons l'exemple d'un jeune marin, le citoyen Kervizic, qui, en douze ans de service à la mer, n'avait jamais eu une punition ; pendant la guerre franco-allemande, il fait bravement son devoir à l'armée de la Loire ; entré au service de la Commune, il se conduit assez brillamment pour obtenir le commandement d'une canonnière et garde ce commandement jusqu'au jour où son embarcation est coulée sous les feux de Montretout, coulée, coïncidence douloureuse, telle que la guerre civile en présente parfois, par une batterie que commandait, dans les rangs opposés, le propre frère du citoyen Kervizic. Fait prisonnier et déporté, ce brave jeune homme était considéré à la presqu'île Ducos comme un des membres les plus estimables de la proscription, lorsqu'un jour, insulté publiquement, il se laisse aller à administrer à coups de poings une correction méritée : le lâche coquin qui l'avait reçue dépose une plainte, Kervizic est traduit devant le conseil de guerre, condamné à *huit ans de prison*, et maintenant ce brave soldat de la Révo-

2

lution casse des cailloux sur les routes. Devant un tribunal ordinaire il n'aurait pas eu huit jours d'arrêts.

Nous n'étonnerons personne en constatant que la déportation s'est recrutée en majorité parmi les ouvriers les plus intelligents et les plus habiles de Paris. Il y a là, en grand nombre, des mécaniciens, des forgerons, des menuisiers, des charpentiers, des maçons, des orfèvres, des imprimeurs, etc., de premier ordre ; toutes les professions sont représentées, et il est assurément impossible de rêver pour une colonie naissante des éléments plus complets et plus parfaits, surtout si l'on songe que ces condamnés ne sont en aucune façon des criminels, mais au contraire des hommes qui ont traversé une guerre civile de deux mois sans qu'on puisse leur reprocher un seul fait de violence personnelle. Eh bien ! ces éléments exceptionnels, l'esprit de parti et de vengeance est arrivé à les paralyser en les jetant sur une terre sans population, sans industrie et sans ressources. Libres sur ce sol encore sauvage, les déportés ne pourraient certainement pas y trouver tous l'emploi de leurs facultés spéciales; internés dans une enceinte fortifiée et sans communications normales avec le monde extérieur, tous sans exception ont dû renoncer à l'espoir de se créer des ressources par le travail. On peut croire que ce n'a pas été sans tout essayer. Pour la plupart de ces hommes, habitués à une vie laborieuse, l'inaction de la prison était le pire des supplices : ils arrivaient en Nouvelle-Calédonie véritablement altérés de travail, et la misérable vie qu'ils y trouvaient, les privations de tout genre auxquelles ils sont en proie ne pouvaient que surexciter cette ardeur. Mais que faire quand on n'a ni matières premières, ni outils, ni commandes, ou quand des règlements innombrables, interprétés par des soldats stupides, vous empêchent de vous procurer tout cela ? Se croiser les bras et désespérer.

Dans les premiers mois, l'administration coloniale offrait du travail aux déportés sur ses chantiers de terrassement ; le travail était rude, peu attrayant pour les ouvriers d'art, et le salaire misérable (1 fr.); le plus grand nombre pourtant se résignait à l'accepter. Que ne ferait pas un homme privé de tabac, sans savon pour laver son linge, sans substance grasse pour faire cuire ses aliments, sans un verre de vin à mêler a son eau saumâtre? Mais un ordre venu de Paris a suspendu ces travaux : nous avons pu nous procurer la copie textuelle de la lettre ministérielle, et nous la donnons, surtout en raison des prétentions économiques qu'elle affecte :

Le ministre de la Marine au Gouverneur
de la Nouvelle-Calédonie.

« Paris, 13 avril 1873.

« Monsieur le Gouverneur,

« Votre lettre du 1er janvier 1873 rend compte de la situation des lieux de déportation. Elle se termine par une évaluation en argent du coût des travaux de la déportation au seul point de vue des salaires alloués aux déportés qui demandent du travail. Le travail qu'on ne saurait refuser, dites-vous, nécessitera un crédit de plus de 600,000 fr., pour la seule année 1873..... La question du travail pour les déportés me préoccupe comme vous, mais je ne saurais admettre que la loi de 1850 puisse recevoir sur ce point une interprétation entraînant pour le trésor une dépense annuelle de 600,000 fr. Il n'est jamais entré dans l'esprit du législateur de créer au profit des déportés un *droit au travail*. Il suffit de lire avec attention l'article 6 de la loi de 1850, pour en être convaincu, car cet article n'oblige le gouvernement à pourvoir à l'entretien du condamné qu'autant que celui-ci est hors d'état d'y subvenir à l'aide de ses propres ressources. Il en ressort clairement que le jour où l'administration ne peut fournir du travail aux déportés, elle a rempli toutes ses obligations envers lui, en lui fournissant un abri, l'habillement et les vivres..... »

Depuis la mise en pratique de cette admirable théorie, à laquelle il n'y a rien à opposer, sinon que pour l'application des lois économiques la première condition est la *liberté*, la misère la plus effroyable règne parmis les déportés ; le plus grand nombre, ne recevant aucun secours de France, devient la proie des privations les plus dures. On voit de ces malheureux, revenus pour ainsi dire à l'état sauvage, errer à demi-nus sur les pentes pelées de la presqu'île, y cherchant des racines ou des herbes pour apaiser leur faim ; un morceau de savon est un trésor inestimable ; un paquet de tabac est accueilli avec des larmes de reconnaissance. Les cas d'imbécillité et de folie se multiplient avec une rapidité effrayante.

Les femmes déportées sont au nombre de dix-huit ; ce sont celles que les journaux bien pensants appelaient les « pétroleuses, » sans qu'il ait été possible, au cours de l'instruction la plus minutieuse, de rien découvrir qui justifiât cette accusation. Elles ont été condamnées comme les autres déportés pour « attentat contre le gouvernement, » et cet attentat a consisté le plus souvent à donner leurs soins aux blessés de la Commune, dans les ambulances ou sur les champs de bataille. A la presqu'île Ducos comme à Paris on les trouve prêtes à ces actes de dévouement héroïque qui furent toujours dans les temps critiques l'honneur des femmes françaises. Ce sont elles qui portent le plus gaîment le poids de l'infortune, qui relèvent les courages et soutiennent les défaillances. Il suffira de citer les noms de Louise Michel et de Lemel, si connus dans les quartiers pauvres de Paris, pour indiquer ce que sont en réalité ces prétendues « pétroleuses. »

On les a tenues deux ans enfermées dans la prison centrale d'Auberive, au milieu de ce que leur sexe a de plus abject et de plus dégradé ; la plume se refuse à décrire les outrages réglementaires auxquels ces femmes d'honneur, ces jeunes filles d'une vertu sans tache se sont trouvées soumises, et les contacts immondes qu'elles ont dû subir. Mais c'étaient des cœurs sans faiblesse : elles ont su affronter le spectacle du vice comme elles savent affronter la mort. Elles sont parties le sourire aux lèvres et le défi aux yeux. Une dernière injure leur était réservée : on voulait les débarquer au milieu d'un camp de forçats libérés. Il a fallu leur menace unanime de se donner la mort si la loi était violée, pour qu'on se décidât à les interner à la presqu'île Ducos. Elles y vivent comme nous y vivions tous, dans une pauvre hutte sans meubles, au milieu des plus dures privations. La citoyenne Lemel, brisée par les souffrances physiques et morales dont elle a été accablée, n'a pas quitté, depuis son arrivée, le misérable grabat sur lequel on l'a déposée.

L'une des promesses des auteurs de la déportation était la reconstitution de la famille en Nouvelle-Calédonie. Un article formel de la loi déclare que les parents des déportés pourront être autorisés à les rejoindre aux frais de l'Etat. L'administration française est allée au-devant de leurs désirs. Au mois d'avril 1873, les déportés ont appris avec stupeur que les familles de plusieurs d'entre eux venaient les rejoindre sans avoir été appelées. Voici ce qui s'était passé : Toutes les femmes des déportés dont l'administration centrale avait pu se procurer l'adresse avaient reçu une circulaire pour les inviter à se présenter au ministère de la marine ; là un fonctionnaire obligeant leur avait fait un tableau enchanteur du bonheur qui les attendait si elles se décidaient à rejoindre leurs maris ; le voyage s'effectuerait dans les conditions les plus avantageuses à bord d'un navire à vapeur ; les femmes recevraient, à leur arrivée, la concession d'un lot de terrain, d'une habitation, d'un petit capital en outils, bestiaux et semences ; le moyen le plus sûr d'adoucir la condition du condamné était de se décider à le rejoindre. Le plus grand nombre des femmes ainsi convoquées, éclairées par des renseignements plus authentiques ou guidées par une salutaire défiance, se refusèrent à partir. Soixante-quinze seulement se laissèrent persuader. Les malheureuses ne devaient pas tarder à regretter leur faiblesse.

On les embarqua au Hâvre sur un navire de commerce, le *Fénelon*, pêle-mêle avec des filles de mauvaise vie, volontaires raccolées dans les prisons pour aller former des ménages avec les forçats libérés. Le désordre et l'immoralité la plus ignoble régnaient à bord ; les conditions hygiéniques y étaient si déplorables que *neuf* enfants périrent au cours de la traversée de trois mois. Enfin, quand elles arrivèrent en Nouvelle-Calédonie, à bout de forces, pâles, exténuées, elles y trouvèrent tout simplement la hutte du déporté, le manque de travail, une demi-ration par jour assurée pour six mois seulement, en un mot la misère. De terrain, de bestiaux ou d'outils, il n'était plus question. Le gouverneur déclara qu'il ne leur devait rien, pas même les moyens de rapatriement.

Veut-on un exemple de l'ordre qui préside à tout cela et du ton usité avec les déportés ? Un de nos amis, un brave paysan franc-comtois, nommé Jardy, est un jour prévenu que sa femme et son enfant lui arrivent à bord du *Fénelon*. Tout ému, la voix étranglée par des sanglots, il vient nous communiquer cette nouvelle : « Comment ferai-je pour les nourrir ? » dit-il avec angoisse. Nous cherchons à le rassurer de notre mieux, nous lui promettons de faire tous nos efforts pour l'aider à soutenir ce fardeau, il en vient bientôt à considérer l'événement sous un jour plus favorable, et c'est avec impatience qu'il attend l'arrivée de ces êtres chers. Le jour du débarquement, il court au rivage. Une chaloupe arrive d'abord, sous la direction de deux gardiens ; elle ne contient que des enfants ; Jardy n'aperçoit pas le sien. Il s'informe, il questionne. Pour toute réponse, on lui dit que neuf enfants sont morts en route et que le sien est sans doute du nombre. Le malheureux attend avec une terrible anxiété le débarquement des femmes : la sienne n'y est pas. Il court de tous côtés, interroge toutes les nouvelles venues ; impossible d'obtenir un renseignement décisif ; affolé d'inquiétude, il écrit au commandant territorial, il écrit au gouverneur. Enfin, après dix jours, il obtient une réponse par la voie de l'affiche manuscrite placardée sur la barraque officielle, et cette réponse est la suivante : « Le déporté Jardy est informé qu'il n'y a pour lui ni femme, ni enfant *en consignation*. » La nouvelle qui avait fait passer en quelques jours ce malheureux par toutes les alternatives de la terreur, de la joie et du désespoir, était simplement une erreur de l'administration, et voilà comment elle s'en excusait.

Un des caractères distinctifs de cette administration est d'ailleurs la révoltante grossièreté qu'elle affecte avec les femmes dévouées qui sont venues rejoindre leur mari. Ce n'était pas assez pour elle de leurrer ces infortunées et d'ajouter à toutes les horreurs de la déportation le spectacle affreux de ces femmes et de ces enfants sans ressources, elle a jugé à propos de les soumettre au régime militaire et de les traiter comme des condamnées. Veulent-elles sortir de l'enceinte pour aller chercher du travail, il faut qu'elles en demandent l'autorisation par une pétition respectueuse, et on leur répond par la formule suivante : « *La femme* X'** est autorisée (ou n'est pas autorisée) à aller demain à Nouméa. Elle devra être rentrée à 6 heures. » A la moindre inadvertance, on les menace de la prison. Ces nobles guerriers se croiraient déshonorés en témoignant le moindre égard ou la politesse la plus vulgaire à ces épouses sublimes. Et pourtant, quel respect ne méritent-elles pas, et combien de fois nos yeux ne se sont-ils pas mouillés de larmes en voyant ces mères de familles, ces parisiennes, dont quelques-unes étaient habituées sinon au luxe, du moins à une aisance et à une élégance relatives, et qui se sont condamnées volontairement à la vie sauvage, aux travaux les plus durs, à la misère la plus sombre, pour venir partager le malheur de ceux qu'elles aiment ?

Cette existence vide et inactive, cette impuissance absolue, constituent l'un des plus insupportables supplices qu'il soit donné à l'homme de subir. Quelques-uns ne peuvent y résister plus de quelques mois, ils s'affaissent et meurent. Ce fut le cas de notre vénérable collègue Verdure, décédé à la presqu'île Ducos six mois après notre arrivée, le même homme contre lequel ses juges militaires avaient trouvé une accusation si nouvelle : « Verdure, avaient-ils dit, est un philanthrope-utopiste; » et pour ce crime de philanthropie, ils l'avaient condamné à perdre sa liberté, sa patrie, sa famille, et à traîner aux antipodes une existence inutile. C'était plus qu'il n'en pouvait supporter. Son inaction lui pesait : il demanda à ouvrir une école pour nos compagnons illettrés et se vit refuser l'autorisation nécessaire, sous prétexte que son école serait un club déguisé. Le spleen s'empara de lui : le malheur avait voulu que depuis douze mois il fut sans nouvelles des siens. Nous le vîmes durant quelques semaines promener le long de ce rivage désolé, son désespoir muet : puis il se coucha pour ne plus se relever.`

Ces morts sont fréquentes ; elles sont le seul lien qui rattache les déportés les uns aux autres. D'ordinaire on vit isolé, sans joie, sans distractions : les réunions les plus innocentes sont interdites. Mais quand un déporté, à bout de forces et de volonté, est allé mourir dans la barraque en planches qui sert d'hôpital, toute la proscription se fait un devoir de l'accompagner à sa dernière demeure. Une longue file de huit cents hommes se forme derrière le pauvre cercueil, couvert d'un drap blanc et de couronnes de fleurs sauvages. Puis le cortége se met en marche et gravit la montagne. Le cimetière s'étend sur le versant Nord, dans un site pittoresque où l'on arrive par un chemin escarpé et sinueux. Au loin, en marchant, on aperçoit la ligne des récifs, et par de là la mer sans limites, et chacun songe à ceux qui sont là bas, à six mille lieues, et chacun se dit qu'il ne les reverra jamais peut-être et qu'il viendra bientôt prendre sa place dans le petit cimetière désert. Le cercueil est placé dans la fosse : un ami dit quelques mots d'adieu ; chacun jette sur le mort sa petite fleur rouge ; on crie *Vive la République ! Vive la Commune !* et tout est dit.

III

L'île des Pins

(Nouméa et la Grande terre.)

L'île des Pins, choisie par le gouvernement français pour servir de résidence aux condamnés à la déportation simple, est située à environ dix lieues au Sud de la Nouvelle-Calédonie, par le 165° de longitude Est et le 22° degré de latitude Sud. Sa plus grande longueur est de trois lieues du Sud au Nord, et sa plus grande largeur de deux lieues de l'est à l'ouest. Elle est comme toutes les îles de ce groupe, entourée d'une blanche ceinture de récifs qui en rend l'accès des plus dangereux.

Sur deux points seulement, les navires peuvent aborder l'île, par les deux passes de difficile accès de Gadji au Nord et de Kuto au sud; mais jusqu'à l'arrivée des déportés l'île n'avait été visitée que par le transport faisant le service de la petite garnison, et les pirogues transportant les matériaux et les marchandises destinées aux deux Missions catholiques qui comprenaient seules toute l'occupation française de l'île.

— Vue du large, son aspect est des plus riants; les bords de la mer sont charmants, bien découpés par un grand nombre de baies au milieu desquelles de petits ilots, couverts de masses de verdure, dominés par des pins gigantesques, affectent les formes les plus capricieuses et les plus élégantes. Tout autour de l'île et sur une largeur moyenne de trois kilomètres circule une véritable forêt vierge en miniature, étalant à profusion les merveilleuses couleurs et l'ardente végétation des tropiques. Au centre, un plateau aride, nourrissant à peine quelques maigres fougères, occupe la plus grande superficie de l'île et se termine au Sud par un massif de petites montagnes, dominé par le pic N'ga, haut de 266 mètres.

De chaque côté du plateau se trouvent quelques belles vallées, bien arrosées, mais offrant en somme de faibles ressources au colon par le peu d'étendue qu'elles occupent. Les plus riches de ces vallées sont exploitées par deux missionnaires qui ont obtenu sur les Kanaques une autorité absolue. L'île des Pins est, en effet, partagée entre deux missions : celle du Nord, sous la direction du Père Beaulieu, dont l'autorité s'exerce sur des *déportés kanaques*, car le gouverneur actuel de la colonie a, lui aussi, voulu avoir sa petite guerre civile à réprimer. D'ailleurs la guerre sans danger contre les malheureux indigènes est une excellente occasion d'avancement qu'on ne manque pas de se procurer. — Après des vexations odieuses et sans nombre, il arrive qu'une tribu préfère la mort à l'existence que lui font les commandants de détachements ; les Kanaques s'agitent et se préparent à la guerre ; nos officiers entretiennent habilement le feu sacré et, au moment où la révolte paraît être mûre, un village est cerné, les habitants périssent dans les flammes ou sous les balles de nos soldats ; on répand le *sel* sur l'emplacement du village et ceux des malheureux qui ont échappé au massacre et à l'incendie sont condamnés, *sans conseils de guerre*, à la *déportation!* C'est ainsi que trois cents naturels de Maré, île située à 20 lieues de l'île des Pins, expient, eux et leurs familles, l'ambition malsaine et les fantaisies criminelles d'un sabre français.

La seconde mission et la plus importante, est entre les mains de deux habiles maristes qui l'exploitent avec le plus grand profit. Elle est composée de tous les naturels de l'île, au nombre d'environ huit cents, sous la domination apparente d'une reine, la *reine Hortense*, et de son époux, le *roi Samuel*, tous deux à la discrétion des missionnaires. C'est une chose véritablement surprenante que la vue de l'établissement dont nous parlons. Situé dans une vallée délicieuse, bien arrosée par un cours d'eau abondant, les deux religieux se procurent là les jouissances du plus grand fermier de notre Touraine. Ils habitent au centre de la vallée une petite maison européenne, aux persiennes vertes, qui contraste étrangement avec les misérables huttes kanaques établies non loin de là, au bord de la mer, et enfouies dans les cocotiers, les orangers, les citronniers, les bananiers qui croissent en quantité dans cet endroit le plus favorisé de l'île. Près de l'habitation des *pères*, et sur un abondant tapis de verdure, paissent doucement les nombreuses vaches laitières de la mission, autour de laquelle caquettent les volailles les plus grasses et les plus variées, destinées à la table « frugale » des pères, constamment couverte des fruits les plus savoureux, des viandes et volailles les plus exquises.

Près de là meurent de privation et de tristesse deux mille malheureux arrachés à leur patrie !

Non loin de l'habitation s'élève une petite église en pierre et plâtre construite dans l'ordre roman, aussi élégante que l'église d'un village français; près d'elle l'on rencontre une scierie mue par un cours d'eau intelligemment détourné, et dont la chute procure une force suffisante pour découper les arbres les plus gros et du bois le plus dur.

Une nombreuse population se groupe autour de l'établissement religieux, dont elle est devenue l'aveugle et *soumise* esclave. Logée misérablement dans des huttes primitives, se nourrissant d'ignames, de patates et de poisson, elle donne tout son travail, et cela sans rétribution, au père Goujon, qui exploite avec une rare sagacité le fanatisme religieux dont il a imprégné ces âmes excellentes et naïves. La plupart des indigènes sont occupés à la pêche de l'holothurie, très-abondante sur ces plages et dont la vente produit de très-gros bénéfices à la mission. Femmes, enfants, vieillards sont occupés aux divers travaux de la mission, qui, aujourd'hui, a encore augmenté son revenu par la vente des légumes, d'œufs, de volailles qu'elle envoie sur la grande terre, ou qu'elle vend au personnel administratif et militaire de l'île. La rapacité de ces missionnaires est telle, que les Kanaks qui vendent aux déportés et à l'administration les légumes qu'ils obtiennent par un travail supplémentaire sur le jardin qui leur est laissé, sont obligés d'en remettre le produit au père sous la menace, s'ils en détournaient quelqu'obole, des plus durs châtiments d'un Dieu courroucé.

Les pères veillent avec un soin jaloux et leur interdisent tout ce qui pourrait leur procurer un désir de bien-être, une idée d'indépendance. C'est pourtant une race bien douée, forte et intelligente, et qui aurait pu être utilisée dans notre colonie. Leur reine Hortense, élevée avec le plus grand soin par les pères, entourée par eux de toutes les jouissances féminines qu'ils peuvent lui procurer, leur est un auxiliaire des plus utile, son mari Samuel la seconde intelligemment dans cette œuvre curieusement inique de l'absorption de toute une race, pour le plus grand bénéfice des deux plus habiles négociants à divine enseigne que nous ayons jamais rencontrés.

La mission moins importante du Nord, mais dirigée dans le même esprit, occupe avec la mission que nous venons de décrire la moitié habitable de l'île des Pins. Il faut aussi tenir compte au Sud, de la presqu'île Kuto, reliée à l'île par une bande de sable de 10 mètres de largeur et occupée par une garnison complétement isolée de l'île par d'immenses fortifications, dont la construction a été exigée par le commandant territorial, sorte de vice-gouverneur tout-puissant.

Cet officier, chef de bataillon d'infanterie de marine, soldat

sans capacité et sans courage, ne se croit jamais suffisamment
à l'abri d'une révolte des déportés, quand il suffirait pour les
arrêter d'une pièce de canon braquée sur l'étroit chemin qui
mène à l'île et que dix hommes ne pourraient parcourir de
front. Nous aurons l'occasion de reparler de cet homme à qui
la garde de trois mille hommes a été confiée, et qui s'est montré pour eux le plus injuste et le plus cruel des geôliers. —
Sans souci de la loi qui frappe et qui devrait protéger en même
temps les exilés, il se rit des réclamations les plus sages, des
rappels à l'application de la loi les plus fondés, et exerce sur la
population déportée une autorité sans contrôle mise au service
de la plus odieuse des tyrannies et d'une misanthropie rendue
farouche par des infortunes conjugales, qui en ont fait le
dandin de la colonie.

C'est sur cette petite île perdue au milieu du Pacifique, dont
l'accès est interdit aux colons qui voudraient y tenter la créa-
tion d'établissements industriels et agricoles, dont le meilleur
territoire est la propriété des missions, que nous verrons répartis sur un sol aride de huit kilomètres de longueur sur
deux kilomètres de largeur, les deux mille sept cents prisonniers jetés sur ces récifs ignorés, par les huit bagnes flottants,
instruments de la plus épouvantable des vengeances politiques.

En octobre et novembre 1872, la *Danaé*, la *Guerrière*, la
Garonne (1) versèrent sur l'île des Pins mille condamnés à la
déportation simple, qui saluèrent avec bonheur cette terre in-
connue, dont la vue les reposait des longues souffrances éprou-
vées dans les prisons, sur les pontons et à bord des transports,
où on les avait entassés pêle-mêle avec moins de souci qu'on
en aurait eu pour la plus misérable des marchandises. —

(1) Et plus tard, en février, mai, octobre, décembre 1873, le *Var*,
l'*Orne*, le *Calvados*, la *Virginie* avec 1700 déportés.

Pendant quelques jours ce ne furent que courses échevelées à travers les bois, excursions folles dans la *brousse*, nuits à la belle étoile avec une maigre couverture pour abri. Nous savourions à pleins poumons la liberté relative qui nous était laissée, sans plus songer au lendemain, qui cependant, nous ménageait d'amères déceptions ; tout entiers au bonheur de fouler la sauvage prairie, de contempler cette nature tropicale dans ses manifestations capricieuses et étranges. Et pourtant nos souffrances antérieures allaient s'augmenter de longs et tristes chapitres, sur cette terre que nous avions considérée comme la terre de délivrance et qui n'était qu'une étape de plus sur la voie douloureuse de la proscription.

Le gouverneur Gauthier de la Richerie avait trompé son gouvernement lorsqu'il l'avisait que tout était prêt pour nous recevoir. Nous trouvâmes la solitude, rien de plus. Quelques misérables huttes, construites à la hâte par un détachement de forçats, offrirent à une centaine d'entre nous un méchant abri contre le soleil des plus dangereux à cette époque de l'année.

Le képi que l'on nous avait donné au départ était usé ; le gouverneur nous refusa les chapeaux qui devaient faire partie de notre pauvre équipement, et la plupart durent aller tête nue au risque d'insolations qui furent fréquentes au début. Plusieurs déportés moururent de congestions cérébrales et de fièvres typhoïdes sans que ces accidents éveillassent l'attention d'une administration fort indifférente, qui ne nous remit des chapeaux qu'après un séjour de dix mois. La plupart des mauvais souliers qui nous avaient été distribués, étaient hors de service, ou faisaient partie de la nombreuse catégorie de chaussures que le gouvernement n'avait pu utiliser pendant la guerre, parce qu'elles étaient dépareillées ou de dimensions si extravagantes qu'il fallait renoncer à les porter ; le gouvernement colonial négligea absolument la distribution réglementaire, et la moitié de la déportation qui allait déjà tête nue, prit le parti d'aller aussi pieds nus, se rapprochant petit à petit du primitif costume de nos noirs voisins. Nous fûmes bientôt sur le point d'abandonner toute espèce de vêtements, outre que les deux blouses et les deux pantalons délivrés étaient insuffisants, on nous refusa absolument le savon si nécessaire pour notre blanchissage.

Le service des vivres était dirigé de la même manière. A notre arrivée nous n'avions pas même de boulangerie pour préparer notre pain et nous fûmes réduits à la demi-ration de pain et de biscuit jusqu'au jour où les déportés se construisirent des fours. Le service d'approvisionnement de bétail sur pied pour notre subsistance était si bien entendu que nous manquions très-souvent de viande fraîche, seule nourriture qui nous fut accordée. Notre ration de viande était fréquemment remplacée par un peu de mauvais lard rance, que la famine à laquelle nous étions en proie pouvait seule nous faire dévorer. Au mois de juin 1873 nous restâmes ainsi 40 jours sans viande fraîche ; au mois de mars suivant la déportation n'avait plus même de lard et en était réduite à sa ration de café et de pain.

La saison des pluies arriva pour aggraver notre fâcheux état ; les pluies qui sont torrentielles et durent parfois des semaines entières sans interruption, inondèrent bien vite les misérables habitations que nous nous étions construites, les tentes étant devenues inhabitables. D'autre part nous ne possédions pas encore de chemins, et c'est dans l'eau jusqu'à la ceinture qu'il fallait que les déportés allassent, à une grande distance, chercher leurs très-sommaires provisions. De retour au campement, les rafales et la pluie éteignaient notre feu quand par hasard nous avions réussi à l'allumer malgré l'humidité du bois. Bien souvent l'impossibilté de faire cuire nos aliments était telle, que la lassitude s'emparait de nous ; ces jours-là, nous nous jetions sur nos hamacs humides, mal abrités par notre pauvre toiture de chaume, nous contentant de notre pain sec et rêvant tristement à la patrie, aux chères affections que nous avions laissées à six mille lieues de nous ; les larmes étaient dans tous les yeux, mais nous les empêchions de couler pour ne pas augmenter la douleur de nos amis par le spectacle de la nôtre. Que d'heures passées ainsi en proie à nos amères réflexions, sans échanger une parole, bloqués dans nos insuffisants abris par l'eau qui nous environnait de toutes parts.

Cette épouvantable vie eut un résultat facile à prévoir. Quelques jours après notre arrivée, le vin qu'on nous avait distribué pendant sept jours fut supprimé, malgré la nécessité reconnue de cette boisson sous un climat qui, sans être précisément malsain, exige des précautions hygiéniques dont nous fûmes toujours complétement privés ; ce fut le signal de la dyssenterie qui vint fondre sur nous. Pendant plus d'un mois une longue procession de plus de cent cinquante malades gravit le rude chemin qui mène à l'hôpital, situé sur une hauteur, et alla demander du secours contre le mal dangereux qui sévissait contre nous; mais là comme partout rien n'avait été préparé. Le sulfate de soude, le bismuth, les remèdes les plus essentiels manquaient absolument, et il fallut s'en remettre à la nature du soin de la guérison. La rude vie des deux siéges, les malsaines prisons, les longues privations nous avaient aguerris, et à l'exception de quelques-uns qui succombèrent, nous nous rétablîmes peu à peu.

. Les tortures morales venaient encore ajouter à ces souffrances et accroître les maux de notre sombre existence. Une fois par mois un bateau de l'État devait nous apporter notre courrier, notre unique consolation sur cette terre privée de toute communication. Par la p'us coupable des négligences ou par un raffinement d'odieuse cruauté, aucun service de poste, n'avait été régulièrement établi, et nos chères lettres tant désirées ne nous parvenaient le plus souvent que deux ou trois semaines après leur arrivée au chef-lieu de la colonie. Ces heures d'attente étaient les plus cruelles, les lettres que nous recevions nous rattachaient seules au monde extérieur, à la patrie ; en les lisant nous oubliions un instant que nous étions dans un horrible tombeau ; elles contenaient parfois un mot d'espérance, nous cessions d'être isolés, la distance disparaissait et nous vivions de courtes mais délicieuses minutes au milieu de ceux qu'il nous avait fallu quitter pour venir traîner sur cet îlot du Pacifique-une existence misérable et sans lendemain.

Ce rayon de soleil dans notre nuit sombre, le gouvernement colonial nous le faisait acheter par de longues journées d'attente et d'angoisses. Puis nous retombions dans notre vide, errants dans notre solitude, sans même au début pouvoir être reçus dans une pauvre hutte de sauvages odieusement excités contre nous par les calomnies répandues sur notre compte par les prêtres qui les dirigeaient. Ce ne fut que par la douceur persévérante de notre conduite que nous pûmes détruire l'horreur que nous leur inspirions et trouver au milieu d'eux, malgré l'interdiction qui nous avait été faite de les visiter, quelque soulagement à nos maux.

Cependant malgré l'énergie et l'espérance qui nous avaient soutenus jusque-là, quelques-uns ne purent résister plus longtemps à de si dures épreuves, maintenant que l'espoir d'en sortir ne les réconfortait plus. Plusieurs déportés furent frappés par la plus terrible des maladies, l'*aliénation mentale*, et sur le refus de l'administration de s'occuper d'eux, nous nous chargeâmes de nos pauvres camarades, leur prodiguant tous les adoucissements que notre misérable situation nous permettait de leur procurer.

Albert Grandier, journaliste qui avait appartenu à la rédaction du *Rappel*, fut un des premiers atteint du mal terrible dont il devait mourir. Estropié, malade à son départ de France, il ne put supporter les privations de tous genres qui sont le lot du déporté. Pendant quelque temps il vécut avec un camarade dévoué dans une chétive habitation qu'il s'était construite, et essaya pour distraire sa pensée de s'occuper de jardinage ; mais sans forces, mal habile à ce rude métier, privé des outils les plus nécessaires, il ne put rien obtenir d'une terre qui exige une santé robuste et un labeur de tous les instants pour donner quelque récompense. Le dégoût s'empara de lui, son cœur était resté en France auprès d'une sœur qu'il adorait et dont les rares nouvelles lui parvenaient difficilement; nous vîmes s'éteindre peu à peu cette vive et nerveuse intelligence, s'affaisser graduellement cette constitution épuisée par les nuits sans sommeil de Satory et les humides casemates de Boyard. A la fin il quitta son ami pour vivre dans les bois et caresser dans leur solitude l'idée fixe qui s'était emparé de lui. Il passait des journées entières assis sur le bord de la route qui mène à la mer, et quand nous lui demandions ce qu'il faisait là, il nous répondait d'un air joyeux qui faisait mal à voir : qu'il attendait sa sœur qui venait le rejoindre. L'un de nous, Mourot, journaliste comme lui, s'était chargé de notre malheureux camarade, il lui avait loué une petite cabane et s'occupait avec un soin touchant de la personne de son ami ; mais celui-ci lui échappait sans cesse, pour courir, presque nu, les bois et les chemins à la recherche de cette sœur bien aimée qu'il ne devait plus revoir !

Mourot demanda bien des fois à l'administration un asile

pour notre malheureux camarade ; nous espérions qu'un changement de résidence, un genre de vie convenable, rallumerait peut-être ce flambeau éteint par la souffrance ; nous redoutions surtout que Grandier, trompant la surveillance se perdit dans les bois voisins et ne périt de fatigue et de besoin. *L'administration ne répondit pas aux demandes qui lui furent adressées*, et, au mois de novembre dernier, Grandier était trouvé mort dans la brousse, non loin du chemin qui mène à la mer ! Il avait trente ans.

L'administration, interpellée sur la manière de vivre des déportés, répondit mensongèrement dans la séance du 12 décembre 1873, par l'organe de M. Dompierre d'Hornoy, ministre de la marine, que la plupart des déportés se refusaient à toute espèce de travail, et que l'administration avait, en leur faveur, fait les plus grands efforts. Le ministre qui affirmait ces choses avait fait parvenir de ses bureaux la dépêche précédemment envoyée au gouverneur de la Nouvelle-Calédonie, dans laquelle il était prescrit de ne pas renouveler dans cette île le scandale des ateliers nationaux et de suspendre sur les pénitenciers, tous les travaux en cours d'exécution.

En effet, quelque temps après notre arrivée, le gouvernement colonial avait fait entreprendre à l'île des Pins une certaine quantité de travaux indispensables : l'achèvement de l'hôpital, qui ne fut terminé que six mois après notre arrivée, la construction des ateliers de l'administration, déserts aujourd'hui, la conduite d'un cours d'eau pour l'alimentation de l'hôpital, ouvrage qui a produit trente mille francs de salaires pour les déportés, et, sans exiger d'autre dépense que l'entretien de l'outillage coûte à notre budget plusieurs centaines de mille francs ; enfin une route, qui ne sera jamais terminée, devant traverser l'île dans sa plus grande longueur et desservir les cinq camps ou communes sur lesquels nous devions être répartis.

Ces divers travaux et quelques autres de peu d'importance qui ont coûté plus d'un million et demi, et qui n'ont pas été achevés pour la plupart, ont fourni en salaires en une année une somme qui ne dépasse pas deux cent cinquante mille francs.

Tous les travaux entrepris par le gouvernement dans la colonie, le sont dans ces conditions. Le budget des pénitenciers, qui s'élève pour 1874 à la somme de neuf millions et demi, est l'objet de détournements s'élevant à plus de quatre millions; à peine cinq millions ont été appliqués aux services auxquels cette somme de près de dix millions devait être affectée.

Les fers envoyés pour les diverses constructions à élever sur l'île des Pins, ont été détournés de leur destination et nous ne savons ce qu'ils sont devenus, aussi l'administration a-t-elle, pour masquer ses agissements, fait construire depuis quelques mois seulement, des baraquements en planche devant servir de logement à 20 déportés et absolument inhabitables. Les marchés de viande, de farine et de toutes les autres fournitures donnaient lieu de la part de l'administration de M. Gauthier de la Richerie, à un trafic scandaleux sur lequel les colons ont vainement appelé l'attention du gouvernement français.

Si nous revenons au bien-être produit par ces travaux confiés aux déportés, il nous suffira de dire que, sur 2,700 déportés qui ont été internés à l'île des Pins, le maximum des travailleurs employés n'a jamais dépassé 800, bien que deux mille déportés environ se fussent fait inscrire pour obtenir du travail. L'ensemble des salaires distribués par l'administration n'a pas dépassé deux cent cinquante mille francs en une année, soit environ 0. 85 c. par jour et par travailleur, ou 0. 25 c. par déporté et par jour. Voilà ce que l'administration a fait pour réaliser les conclusions optimistes du rapport de M. Othenin d'Haussonville, nous promettant liberté et richesse dans cet Eldorado qui doit devenir, selon lui, un *second* (?) *empire* français dans le Pacifique.

Depuis le mois d'octobre 1873 cette situation s'est encore aggravée, tous les travaux ont été suspendus, et les déportés n'ont plus même la ressource des 0. 25 c. de l'administration pour améliorer leur sinistre condition ou pourvoir aux pressents besoins de leurs familles, que le gouvernement français leur expédie, en persuadant les malheureuses que la situation du déporté est des plus brillantes en Calédonie.

Les bois de l'île des Pins offraient quelques ressources aux nombreux menuisiers et ébénistes parisiens qui sont déportés. Le commandant territorial, que nous avons nommé au commencement de ce récit, après avoir accordé l'autorisation de couper des arbres morts et laissé nos industrieux camarades s'épuiser en pénibles travaux pour produire des meubles fort élégants très-demandés à Nouméa, interdit brusquement la sortie de ces meubles et détruisit, par cet acte d'inqualifiable fantaisie, les efforts et les travaux d'une quantité de malheureux déportés qui avaient compté sur le produit de leurs travail, pour les aider à recevoir leur famille ou à se créer un petit établissement.

A notre arrivée, le commandant nous octroya assez facilement la concession provisoire d'un hectare de terre ; nous demandâmes quelques outils à l'administration, qui nous les refusa à titre gratuit et prétendit nous en retenir le montant sur le faible salaire, 0. 25 c., que l'administration nous répartissait si libéralement. Nous parvînmes cependant à nous en procurer quelques-uns, mais l'ingénieux commandant, plein d'imagination quant aux moyens de torturer des prisonniers confiés à sa garde, nous laissait achever les plus rudes besognes sur nos concessions, puis, arbitrairement, nous changeait de lieu de résidence et nous déclarait tout net que nous ne pouvions posséder sur le territoire du camp auquel nous n'appartenions plus. Une autre fois c'était un chemin fantaisiste qui devait traverser notre concession, l'expropriation était prononcée sans appel et exécutoire dans les 24 heures, et voilà toutes nos espérances de récolte évanouies. Un autre jour il imaginait de retirer les vivres à ceux de qui les concessions paraissaient promettre quelque résultat, il va sans dire que l'on s'empressait de renoncer à cette trop avantageuse propriété pour ne pas mourir de faim ; ceux d'entre nous qui étaient devenus tailleurs, cordonniers, cuisiniers, barbiers de leurs camarades, virent de même leurs vivres supprimés, ils durent bien vite renoncer à un métier insuffisant pour les nourrir et qui leur procurait seulement quelques douceurs.

Toute tentative de travail, d'amélioration a été poursuivie par le commandant Boutin avec une haine aveugle et féroce. Son rêve était d'acculer les déportés, de les forcer à une révolte qui lui permettrait de supprimer la déportation par le fer et le feu.

Le même arbitraire présidait à la remise de l'argent que nos familles nous faisaient parvenir pour améliorer un peu notre maigre ordinaire, le commandant avait décidé que nous n'aurions pas en notre possession une somme supérieure à vingt-cinq francs, laquelle somme nous serait délivrée, non pas sur notre demande, mais selon le bon plaisir de ce gracieux geôlier, qui exigeait en outre pour nos demandes qui devaient être écrites, une formule si humiliante, que beaucoup renoncèrent à lui adresser leurs requêtes. — A cet égard pourtant il dut modifier ses prétentions. Je serais entraîné

hors du cadre de ce récit si je racontais le système de punitions dont il était le seul juge, les abus d'autorité journalière,
les instructions grossières, enfin les actes illégaux auxquels
avait recours celui entre les mains de qui on avait remis le
sort de trois mille déportés.

Aujourd'hui donc, près de trois mille déportés, sans ressources et sans travail, en butte aux odieux caprices d'un officier supérieur, digne émule des Garcin et des Galiffet, gardés
par des surveillants constamment ivres qui donnent, eux et
leurs femmes, le spectacle de la plus profonde immoralité et
de la plus dégoûtante débauche (1), errent comme des fauves,
les regards sur l'Océan sans voile et attendent qu'une voix
s'élève pour raconter leurs souffrances et leurs douleurs.

Pendant quelque temps les déportés simples purent espérer
que leur résidence à l'île des Pins serait de courte durée et
compter sur des temps meilleurs. En effet, le déporté demandé
par un négociant, un propriétaire ou un entrepreneur qui en
répond peut être autorisé à séjourner sur la grande terre et à
vivre de son travail. En y arrivant il reconquiert sa liberté et
n'est plus soumis qu'à l'appel. C'est ainsi qu'en 1874, trois
cents déportés simples résidaient à Nouméa ou dans les environs. (Nouméa est le chef-lieu de la colonie, il est situé sur
une presqu'île au sud et compte environ trois mille habitants.)
Deux cents autres déportés se trouvaient répartis sur les établissements de Ouaraïl, Gomen et Balade.

(1) Dans les premiers mois de notre arrivée, deux surveillants de première classe étaient cassés pour ivresse continuelle, un autre pour tentative
de meurtre, un autre pour tentative de suicide étant en état d'ivresse, un
autre *chevalier de la légion d'honneur*, *médaille militaire*, condamné
à 7 années de travaux publics pour meurtre sur la personne de sa femme,
d'autres poursuivis pour adultère, etc., etc. Ce sont de tels hommes à qui a
été donné le droit de vie et de mort sur les déportés.

Malheureusement la grande terre offre peu de ressources au travailleur. La Nouvelle-Calédonie, comme toutes les colonies françaises, est confiée à un officier peu soucieux de la prospérité de cette colonie. Destinée à être un immense pénitencier, elle est soumise au régime le plus énervant et le moins fait pour développer sa production. Le commerce et l'industrie y sont soumis à toutes les entraves que savent si bien multiplier les administrations militaires françaises. Dans ce pays qui n'a encore que des promesses à donner plutôt que des résultats à produire, les impôts de toute espèce sont fort lourds pour le colon et ne sont jamais employés à son profit.

Bien loin d'encourager les tentatives d'établissements sérieux, le gouvernement colonial apporte là comme en toutes choses son esprit méticuleux, routinier et paresseux, plus dangereux encore dans une colonie naissante que partout ailleurs. Les moyens de communications n'existent pour ainsi dire pas entre Nouméa et le nord de l'île, qui est cependant la partie la plus riche de ce territoire. Après vingt années d'occupation et les dépenses les plus considérables, les relations entre les diverses parties de l'île se font encore par la voie de mer, l'intérieur étant à peu près dépourvu de routes et de chemins. La plupart des colons, qui ont des concessions de terre et qui désireraient être rassurés sur l'avenir de leur propriété, demandent vainement et depuis plusieurs années que les terrains soient délimités, que les artères essentielles soient tracées, au moins sur le papier. Ils ne peuvent rien obtenir d'une administration qui, cependant, occupe un personnel plus nombreux que le plus important de nos ministères français. Avant même qu'il y ait des centres de population, et négligeant des travaux plus indispensables, le gouverneur a demandé et obtenu l'établissement d'un télégraphe, sur une île privée de villages, sans commerce, et à peu près inhabitée par les blancs. Disons que les fonds attribuées à ce travail affectent le chapitre de la déportation pour laquelle il n'est nullement destiné et qui ne saurait en profiter.

La représentation des intérês des colons est absolument nulle et le contrôle dérisoire. Le Conseil colonial est choisi, nommé et présidé par le gouverneur ; les officiers municipaux ont pour toute attribution la tenue des registres de décès et de mariages ; ils sont aussi nommés par le gouverneur.

Tout le territoire est administré militairement, et ne relève que du gouverneur qui exerce sur ces terres une autorité à rendre jaloux l'autocrate le plus absolu. Aussi les capitaux se refusent-ils à prendre le chemin de cette colonie. La Nouvelle-Calédonie trouve peu de crédit ; l'instabilité des institutions, changeant avec les gouverneurs qui se succèdent rapidement, repousse le concours actif des capitaux indispensables au développement de la colonie.

Jusqu'à ce jour bien des entreprises ont été commencées ; mines d'or, de cuivre, de charbon ; sucreries, plantations de café, élève du bétail, tout a été essayé, mais il faut bien dire, sauf de trop rares exceptions, les résultats obtenus ont été des plus minces. — Tant que l'argent de la France ira, sans contrôle sérieux, salarier l'oisivité de mille fonctionnaires, officiers de marine, d'administration, employés de toutes sortes, gendarmes, surveillants ; tant qu'il sera destiné à entretenir une véritable armée de plus de deux mille hommes, et de sept mille forçats dont les bras ne sont pas utilisés, les promesses faites aux malheureux émigrants qui, en ce moment, sont dirigés traîtreusement sur la colonie, seront illusoires et mensongères.

La situation faite aux déportés, sur la grande terre, est la preuve de ce que nous avançons.

A notre arrivée, Nouméa, la seule ville que possède la Calélonie, ville d'administration, sans commerce et sans industrie autres que la vente d'objets de consommation à un immense personnel administratif; Nouméa, disons-nous, demandait des ouvriers coûte que coûte. La déportation lui offrit immédiatement tous ses travailleurs; mais cette ville sans port, sans eau, sans exportation, avait besoin d'un nombre très-limité de bras.

Maintenant qu'elle possède trois cents ouvriers de la déportation, elle n'a plus d'ouvrage à donner aux trois mille artisans qui ne demandent pourtant, là bas, qu'à conquérir une indépendance relative, à l'aide d'un salaire honnêtement et laborieusement acquis; c'est dans une telle situation que la France expédie des émigrants qui viennent partager, en les augmentant, les misères de la déportation.

Dans l'intérieur on trouve·quelques vallées fertiles et bien abritées, mais elles exigent de longs et pénibles travaux et un genre de culture qui nécessite des avances importantes pour obtenir des résultats satisfaisants. Le gouvernement accorde chichement quatre ou cinq hectares au déporté qui demande à coloniser, quatre mois de vivres, pas de vêtements, pas d'habitation, et un outillage plus qu'insuffisant. — Au bout des 4 mois le déporté s'aperçoit qu'il a encore une année à attendre pour que son terrain lui rapporte quelque chose. — Sans ressources, abandonné par le gouvernement, il regagne dans le plus déplorable équipage le chef-lieu d'où on le réexpédie dans son enfer de l'île des Pins.

Ouaraïl est une de ces vallées; son territoire est situé à environ 60 milles est de Nouméa; sur cet emplacement on imagina de créer une ferme modèle. Ce fut bien certainement le modèle de la plus étrange des fermes. Un agent de culture obtint sur ce point une concession importante; il y amena une cinquantaine de déportés prêts à tous les efforts pour échapper à la vie sans espoir de l'île des Pins. En débarquant ils ne trouvèrent ni tentes, ni outils, ni vivres, — on ne peut appeler vivres un peu de farine et un chétif morceau de lard. — Ils demandèrent ce qu'il fallait faire. Le directeur de la philanthropique ferme modèle leur offrit de travailler gratis sur ces terres en attendant que le gouvernement pût s'occuper d'eux. Trois mois après, nos malheureux camarades nous revenaient pieds nus, hâves, décharnés, fuyant cette ferme *modèle* qui ne leur avait offert ni un abri, ni un instrument de travail, ni un morceau de pain. Voilà pour les tentatives agricoles faites en notre faveur.

Une association de capitalistes ou prétendus tels, vint, animée des intentions les plus humanitaires (elle l'a prouvé), s'installer sur un de ces territoires fertiles qui sont assez rares, dans une contrée appelée Gomen, à 120 milles au nord de l'île, et offrit, par l'intermédiaire d'un de ces agents, du travail aux déportés simples aux conditions suivantes : L'ouvrier travaillerait *10 h.* par jour (1) pour le compte de l'entreprise; il recevrait un salaire de 40 francs par mois (dans un pays inhabité où un morceau de savon vaut 2 francs); sa nourriture se composerait de viande salée, de farine et d'un peu de vin, la difficulté des communications ne permettant pas de faire mieux. Enfin, si la Compagnie *était satisfaite de son travail*, l'ouvrier pourrait recevoir une concession de 5 hectares de terre.

Malgré un salaire dérisoire, un travail supérieur à celui qui est demandé aux condamnés aux travaux forcés, cent déportés voulurent tenter l'aventure : sortir du sombre pénitencier, tout est là. Un mois après leur arrivée, la Compagnie n'avait pas de vivres à leur donner. Ils furent obligés d'aller

(1) Le maximum de la journée de travail est de 8 heures sous ce ciel brûlant.

demander aux mineurs du Nord un abri et un peu de pain ; quelques-uns trouvèrent un travail qui leur permit de vivre en attendant des temps meilleurs. Quant à la Compagnie de Gomen, elle avait prévu ce qui arriverait, et dans un article de son traité d'engagement, où elle ne s'engageait à rien pour son compte, elle avait inséré une clause qui frappait le déporté d'un dédit de deux cents francs si celui-ci ne remplissait pas son engagement. La Compagnie eut ainsi des habitations construites, un terrain défriché, et cela sans bourse délier.

Nous n'avons plus qu'un court et dernier regard à jeter sur les mines du nord. A Balade, territoire de l'extrême nord à 150 milles de Nouméa, cent déportés ont trouvé un travail un peu mieux rétribué et qui leur permet de vivre. Malheureusement, les compagnies minières sont peu importantes ; ainsi que nous l'avons dit, les capitaux n'affluent pas dans leur caisse, et, malgré leur bonne volonté, fort intéressée d'ailleurs, elles ne peuvent occuper qu'un nombre très-restreint de travailleurs.

Voilà, rapidement esquissée, et en parcourant sommairement le champ des souffrances, des misères, des infamies et des abus d'autorité, en négligeant bien des accusations, hélas ! trop fondées, en laissant de côté mille faits monstrueux, la situation des déportés simples en Calédonie.

Cinq cents à peu près pouvant trouver dans le travail une rémunération relativement satisfaisante ; — 3,200 autres condamnés, par le manque d'occupation, à l'isolement, aux privations, à la misère hideuse sans espoir d'en sortir.

Ces derniers sont-ils plus coupables que les 500 autres ? Non. Ils sont arrivés trop tard ; les ressources industrielles manquent pour utiliser leurs bras avides de travail et de liberté.

Telle est la justice distributive de leurs vainqueurs.

IV

Le Bagne.

Tous les proscrits ne sont pas à la presqu'île Ducos, à l'île des Pins, à Nouméa ou dans les mines : *trois cents* d'entre eux, subissant un sort plus épouvantable encore, ont été condamnés à la *transportation*, et sont au bagne, confondus parmi les plus vils scélérats. Quels motifs ont dicté cette aggravation terrible? Ce serait difficile à dire. Le prétexte est d'ordinaire un fait de guerre, qualifié par le vainqueur « assassinat » ou « pillage. » La véritable raison gît dans la composition de la cour martiale, dans un caprice de l'adversaire d'hier devenu le juge d'aujourd'hui, dans une vengeance personnelle, souvent même dans une commutation de peine, les condamnés à mort qui n'ont pas été exécutés ayant été envoyés au bagne. C'est ainsi que des hommes de lettres, comme Brissac, Humbert, Maroteau, auxquels l'accusation n'a pu opposer que des articles de journal quelquefois non signés, s'y trouvent à côté d'héroïques soldats comme Alemanne et Lisbonne, d'intègres magistrats comme Fontaine et Roques de Fillol, ou d'honnêtes ouvriers comme Trinquet et Fimbert ; c'est ainsi que des enfants de vingt ans, comme Fortin, Dacosta, Giffault, ont été jetés dans ce cloaque, côte à côte avec des vieillards de soixante ans.

Quand un homme arrive au bagne, il perd sa personnalité : il est rasé, habillé d'un costume spécial, enchaîné par le pied, désigné par un numéro, astreint aux travaux les plus durs ; il devient une machine, mais une machine qui sent et qui souffre; supplice plus atroce, il n'est pas seulement soumis à la règle l'une loi inflexible, il est assujetti au caprice d'une horde de tyrans qui s'appelle le corps des surveillants. Le forçat est la chose de son surveillant. Celui-ci le tutoie, l'outrage et le frappe, sans que l'esclave ait rien à dire. Ose-t-il manifester sa douleur ou sa colère par un seul geste, par un mot, un coup de revolver l'étend raide mort et le surveillant ne doit compte de ce meurtre à personne : il a résisté à un acte de rébellion, il est félicité, récompensé par ses chefs. Étant donné ce pouvoir sans limites et sans contrôle, il faudrait une perfection plus qu'humaine pour ne pas en abuser. Qu'on se fasse une idée des injustices sans nom qu'un tel système entraîne quotidiennement en voyant quelle classe d'hommes se consacre à cet horrible métier ! Ce sont d'ordinaire d'anciens soldats sans instruction, sans mœurs et sans courage, que les séductions d'une haute paye, de la vie coloniale et du pouvoir absolu ont décidé à solliciter ces fonctions. La plupart sont constamment en état d'ivresse, et la façon dont ils se marient pourra indiquer le niveau de leur moralité. Leur départ pour la colonie suivant de très-près leur nomination, et l'état de mariage leur donnant droit à certains avantages pécuniaires, ils prennent la première malheureuse venue dans les bouges du port d'embarquement, l'épousent et l'emmènent avec eux. Arrivés en Nouvelle-Calédonie, ce couple aimable se consacre de concert au culte des boissons alcooliques et à la persécution de l'escouade d'infortunés placés sous la direction de l'époux. Un médecin, qui avait vu de près ces infamies, me disait dernièrement : « Il y a au bagne les plus grands criminels des cours d'assises ; eh bien, j'estime que la moralité moyenne de ces hommes est supérieure à celle de leurs gardiens ! »

La vie du forçat se résume en deux mots : travailler, souffrir. Levé avec le jour, il passe sa journée sur les chantiers de l'Etat, occupé, sous un soleil brûlant, aux travaux les plus pénibles ; son salaire est nul, ou si faible qu'il ne lui suffit pas pour se procurer du tabac ; son alimentation ignoble et insuffisante. La nuit, il couche sur un lit de camp avec dix-neuf autres infortunés comme lui. Jamais un instant de solitude, de recueillement ou de répit. Le dimanche est consacré aux lavages et aux offices catholiques, obligatoires pour lui quelle que soit sa confession. Il ne peut écrire qu'une lettre par mois à sa famille et ne reçoit qu'une réponse ; l'une et l'autre sont ouvertes et ne doivent traiter que des questions de santé.

Suivant les notes qu'il reçoit de ses gardiens, il est classé dans une des quatre catégories de condamnés ; la première n'existe pour ainsi dire que de nom ; la seconde, très-restreinte, se compose de forçats qui peuvent être autorisés à sortir du bagne pour aller servir d'esclaves au gouverneur et à toute la haute ou basse bureaucratie ; la troisième est la plus nombreuse, la quatrième la plus dure.

Il y a en Nouvelle-Calédonie environ sept mille forçats, répartis entre le bagne central de l'île Nou et des camps dispersés sur toute l'étendue de la colonie.

En même temps qu'il est soumis à toutes les fantaisies frivoles qui peuvent traverser la cervelle de son gardien, à ses outrages et à ses voies de fait, le forçat est passible de peines administratives et réglementaires, qui sont la *cellule* et le *fouet*.

La *cellule* est un cachot étroit, où il est enchaîné et presque entièrement privé de nourriture ; quand c'est préventivement qu'il y est jeté, et quand ses chefs veulent lui arracher un aveu, on lui applique le supplice des *poucettes*, c'est-à-dire de deux larges anneaux d'acier, serrés à volonté par un écrou autour des deux pouces. Nous avons vu souvent travailler, à la presqu'île Ducos, des forçats qui avaient perdu un ou deux doigts des suites de ce supplice.

La peine du *fouet* est appliquée deux fois par semaine en présence du bagne assemblé au son du tambour. Le patient est attaché sur un banc, entièrement nu, pour recevoir dix, quinze, vingt coups de fouet ou plus. L'instrument du supplice est une forte tresse de cuir, maniée avec une habileté redoutable par un bourreau spécial ; à chaque coup, la peau gonfle comme par l'effet d'une brûlure ; au quatrième ou cinquième, le sang jaillit. La douleur est atroce, et l'homme le plus énergique a besoin d'un effort presque surhumain pour ne pas hurler. Quinze coups entraînent toujours une incapacité de travail de plusieurs semaines, et il n'y a pas d'exemple d'un condamné qui ait pu en supporter quarante sans expirer. La peine est pourtant fréquemment de cinquante coups ; mais, dans ce cas, un chirurgien présent au supplice suspend l'opération quand il juge que les forces du patient sont à bout ; on l'emporte à l'hôpital, et quand il est rétabli, on le ramène au banc de torture et on complète l'exécution. Parfois, pour des sujets d'une faible santé, il a fallu quatre et cinq reprises pareilles. En dépit de cette philanthropique précaution, il arrive pourtant assez fréquemment que le supplicié meurt sous le fouet. C'est le cas d'un forçat nommé Gaidioz, qui a expiré au trentième coup, il n'y a pas quatre mois, au bagne de l'île Nou.

« Quoi qu'on en dise au dehors, nous écrivait il y a quelques mois un de nos amis qui a réussi à faire parvenir une lettre à la presqu'île Ducos, en la jetant à la mer dans une bouteille, la peine du fouet est en pleine vigueur au bagne. Il ne se passe pas de semaine sans que huit ou dix malheureux ne la subissent ; outre les délits de droit commun qui entraînent toujours cette peine corporelle, la *tentative d'évasion*, la *mau-*

vaise volonté dans le travail, ou une simple accusation de *manque de respect* portée par un gardien suffisent à la faire appliquer.

« Il y a plus : S'il arrive qu'un forçat soit traduit devant le conseil de guerre du bagne et qu'il soit déclaré non-coupable, il peut être remis par le gouverneur, pour le prétendu fait qui a donné lieu à la poursuite, à la disposition de l'administration pénitenciaire, qui inflige sans contrôle une peine disciplinaire : c'est presque toujours le fouet qu'elle choisit. En somme, cette peine est aussi généralement appliquée que la cellule... »

Ce qui n'a pas empêché le directeur général des établissements pénitenciaires, dans sa déposition devant une commission d'enquête parlementaire, d'affirmer formellement que les peines corporelles sont abolies dans les colonies françaises.

C'est à ce régime que sont soumis *trois cents* défenseurs de la Commune. Et qu'on ne pense pas qu'ils sont traités avec quelques égards ou distingués des pires criminels. Ils sont confondus dans leurs rangs, ils ont à subir, à toutes les heures, ce contact immonde et à en savourer tous les dégoûts. « Je ne connais qu'un bagne, » a répondu le ministre Victor Lefranc à une mère éplorée qui le suppliait de ne pas jeter son fils dans cette tourbe humaine. S'il y a une distinction, elle est plutôt tournée contre les forçats politiques : car le surveillant, souvent indifférent pour le scélérat, est plein de haine contre le « communard. » Il se sait méprisé et se venge par les plus basses injures, les besognes les plus rebutantes, les outrages, les coups, les plaintes calomnieuses. Les autres forçats s'associent à cette persécution. Sentant bien que ces hommes ne sont pas des leurs, ils les jalousent et les maltraitent. Qu'on se figure, si l'on peut, la vie d'un lettré comme Brissac, ou simplement d'un honnête homme comme Amouroux, accouplé avec un ignoble empoisonneur ou un faussaire, traînant la même chaîne, et obligé de subir sa haine ou qui pis est son amitié ! Un professeur de médecine légale pourrait seul oser décrire les mystères infâmes du bagne et les spectacles odieux que nos malheureux amis ont sous les yeux. Souvent ils ont réussi à nous faire passer des lettres, en s'exposant, s'ils étaient surpris, à mourir sous le fouet ; toutes ces lettres sont des cris d'horreur et de désespoir ; toutes peignent des souffrances si poignantes, qu'on a peine à comprendre comment on peut les supporter sans faiblir.

Et pourtant, la conscience de l'injustice et l'espoir de la réparation leur donnent cette force, et leur attitude à tous est si calme, si digne et si noble, qu'elle a arraché à un inspecteur venu de France, le général Reboul, cette exclamation d'étonnement : « les forçats politiques sont des hommes ! ils parviennent à rester dans la boue sans se salir ! »

Nous sommes arrivés au bout de cette revue douloureuse. Nous avons dit ce que nous avons vu, froidement et sans passion, atténuant plutôt qu'exagérant, et laissant de côté, pour ne pas dépasser les limites que nous devions nous assigner, bien des faits qui jetteraient un jour nouveau sur cet enfer lointain, où la loi n'existe plus, où le caprice de quelques scélérats règne en maître avec la certitude de l'impunité. Nous avons montré comment quatre mille hommes dont le seul crime est d'avoir été vaincus ont été transportés aux antipodes pour s'y consumer dans l'inaction et dans la misère, ou se voir confondus parmi les forçats. Nous n'ajouterons qu'un mot.

Depuis cinq ans le monde accuse les soldats de la Commune ; on leur reproche le meurtre de soixante-quatre otages et l'incendie de quelques édifices. Mais avant de les condamner, que le monde regarde du côté de l'Assemblée de Versailles et qu'il fasse aussi son bilan. Il y trouvera le massacre de trente mille hommes, femmes et enfants ; l'assassinat juridique aux poteaux de Satory d'une centaine de prisonniers de guerre ; l'exil imposé à soixante mille familles ; quatre mille déportés jetés en pâture au sphynx calédonien, et le bagne érigé en argument politique. Qu'il fasse la balance alors, et qu'il dise de quel côté sont les victimes et de quel côté les bourreaux.

V

Une lettre au *Times*.

La publicité donnée par le *Times* à notre cri en faveur de nos infortunés compagnons déportés à la Nouvelle-Calédonie, a déjà eu un résultat considérable : elle a forcé le gouvernement de Versailles à prendre la parole. Dans un mémoire dont votre correspondant de Paris vous a parlé sous le titre de *Notice sur la déportation en Nouvelle-Calédonie*, les vainqueurs publient un plaidoyer officiel et tentent de se justifier devant le monde des accusations que nous avons portées contre eux. Laissez-nous vous remercier d'abord de ce service rendu par la libre presse anglaise à la justice et à l'humanité. Et, puisque notre voix ne peut se faire entendre en France, puisque les journaux qui osent mentionner notre témoignage sont frappés de suspension, puisque nos adversaires se défient à ce point de leur cause, qu'ils n'osent pas nous la laisser publiquement discuter, permettez-nous de vous demander encore l'hospitalité de vos colonnes pour une courte réponse au plaidoyer embarrassé du maréchal Mac-Mahon, et de prendre le peuple anglais comme arbitre dans ce débat.

Les lecteurs de notre déposition ont bien mal compris notre but s'ils ont cru que nous voulions nous poser, nous et nos compagnons, en martyrs. Nous sommes des vaincus, rien de plus, et nous subissons la loi de la guerre ; nous le savons ; nous acceptons notre situation et nous ne récriminons pas contre les conséquences de nos actes. Prenant la déportation politique comme un fait, nous nous sommes demandés seulement : 1° si elle est utile à nos adversaires et à la société ; 2° si elle est morale ; 3° si elle est humaine. A ces trois questions nous avons dû répondre négativement, et nous avons répondu, non par des théories, mais par des exemples qui défient toute échappatoire.

Si le droit de punir peut être à juste titre contesté à la société, et si des philosophes éminents lui concèdent seulement la faculté d'empêcher le criminel de nuire, il est certain que ce droit est surtout douteux en politique. De point de vue moral et absolu, en pareille matière, il ne saurait être question, puisque les mêmes faits qui sont jugés criminels chez le vaincu, dans les luttes civiles, sont déclarés honorables et glorieux chez le vainqueur. Prétendre amener le condamné politique à résipiscence par des rigueurs systématiques est chimérique ; la logique et l'histoire attestent que la persécution a nécessairement le résultat contraire ; elle endurcit les convictions, elle accumule les rancunes, appelle la vengeance, prépare la lutte à venir. Il est donc certain que dans son intérêt même le vainqueur et l'état social qu'il représente devraient pencher, après la victoire, vers la clémence plutôt que vers la rigueur.

Nous serons entièrement sincères, parce que nous n'avons aucune raison de rien dissimuler, ni de rien ménager : peut-être un système de modération a-t-il été la pensée secrète qui flottait autour de l'imagination des auteurs de la déportation, au moment où ils l'ont opérée ; c'est du moins ce que semblaient indiquer certaines circulaires à tendances quasi-libérales rédigées il y a deux ou trois ans par le premier gouvernement de Versailles, au sujet de l'application de la peine. Ces clairvoyants hommes d'Etat faisaient partir tous les trois mois pour les antipodes un convoi d'otages républicains, et croyaient apaiser par ces sacrifices périodiques l'insatiable minotaure monarchique ; mais ils paraissaient disposés, dans leur propre intérêt même, pour prévenir les plaintes et déraciner chez les proscrits l'esprit de retour, à leur rendre l'existence tolérable au lieu de leur exil. Telle peut être l'interprétation de la lettre de ces documents. Mais, en la supposant telle, il faut déclarer, et nous n'avons pas fait autre chose, que cette intention n'a pas été réalisée. Elle ne l'a pas été *parce qu'elle ne pouvait pas l'être*, et cela pour deux raisons :

1° Parce que l'exécution de ces instructions était abandonnée à des agents qui devaient nécessairement réagir contre leur teneur, et que donner l'ordre à des soldats de Versailles encore frémissants de la lutte, à des bonapartistes gonflés de haine et de rancunes, de se conduire décemment avec des prisonniers parisiens et républicains, c'était simplement demander l'impossible.

2° Parce que ces geôliers, eussent-ils été doués d'une abnégation surhumaine (et ce n'était nullement le cas), eussent-ils eu en partage l'intelligence, la douceur, la prudence et un amour démesuré de leurs prisonniers, ils n'auraient pu faire que la déportation en Nouvelle-Calédonie ne fut pas une hérésie économique, et comme telle un échec inévitable.

Nous l'avons dit, et c'est le fond de la question, la Nouvelle-Calédonie est un pays vierge, une pauvre terre sans éclat, sans richesse, sans capitaux, sans industrie, qui tire tout du dehors, et qui avait déjà, avant la déportation, une population surnuméraire et parasite de plusieurs milliers de soldats et de forçats. Jeter quatre mille hommes de plus sur cette lande lointaine, c'était compliquer un problème déjà difficile ; il est devenu insoluble. On dit : les salaires sont élevés à Nouméa ; un artisan y gagne 10 et 12 francs par jour. C'est parfaitement exact ; mais ce qu'on ne dit pas, c'est qu'il y avait en ce pays, avant la déportation, une certaine demande de bras ;

cette demande était limitée et très-inférieure au chiffre des déportés. La preuve, c'est précisément que les 3,000 déportés simples, ouvriers des différents métiers, étaient à la disposition des colons libres, qui n'avaient qu'à les demander pour obtenir leurs services, et que, sur ce nombre, 400 à peine ont trouvé de l'emploi, ce qui donne précisément le chiffre de la demande de bras. C'est rigoureux et net ; c'est, en propres termes, comme si l'Etat ayant dit à la colonie : « Voilà des travailleurs, combien vous en faut-il ? » la colonie avait répondu : « Il m'en faut 400. »

Quant aux 2,500 autres déportés simples et aux 850 déportés dans une enceinte fortifiée, qui ne peuvent sortir de leur territoire d'internement, ils sont restés sans travail.

. . . .

On fait sonner bien haut le chiffre de 1,185 « repris de justice » qui se trouvaient parmi les condamnés politiques. D'abord, il serait utile de connaître pour quelle proportion, des délits ou crimes véritablement graves, entrent dans ce chiffre, et sur quels documents il est établi. On sait que la condamnation la plus légère suffit à faire décerner cette qualification. Ensuite, il importe de considérer que ce chiffre ne s'applique pas en propre à la déportation, mais au total des 40,000 ou 50,000 prisonniers qui sont restés entre les mains de l'armée après l'écrasement de Paris. Il est clair que dans un pareil coup de filet, jeté sur une grande capitale, on doit trouver toute espèce de poissons. Naturellement, dans le travail d'élimination et de mises en liberté qui a été opéré, les vainqueurs ont eu soin de retenir tous les hommes dont le passé n'était pas immaculé, avec l'arrière-pensée de ternir, par ce contact, l'honneur des vaincus. Ces 1,185 hommes (en acceptant ce chiffre) sont ce résidu. Sur 50,000 prisonniers, la proportion n'a rien de formidable, comme elle peut le paraître sur 12,000 condamnés. Mais au lieu de dire, sur 12,000 condamnés, il y a 1,185 repris de justice, il fallait dire, sur 50,000 personnes arrêtées, nous avons dû reconnaître qu'il y avait 38,000 innocents que nous avons relâchés, 10,815 hommes sans tache que nous avons condamnés à la mort, à l'exil, à la prison, et une infime minorité de coquins que nous avons mêlés à ces proscrits politiques.

Enfin, le plaidoyer officiel se targue du mouvement d'émigration qui se produit vers la Nouvelle-Calédonie, des 1,000 colons libres qui s'y sont portés l'an dernier, des 2,000 qui demandent à partir. Sans s'arrêter à l'exiguité de ces chiffres véritablement misérables, on peut faire remarquer que cette émigration qu'on favorise est une hérésie économique et un crime de plus. Ce sont de nouvelles bouches inutiles qu'on jette en Nouvelle-Calédonie et de nouvelles difficultés qu'on ajoute aux difficultés présentes. En fait, ces émigrants sont, pour la plupart, dans la plus sombre misère et regrettent amèrement d'avoir quitté la mère-patrie. Encore eux, du moins, sont-ils libres et peuvent-ils aller chercher, sur une terre plus favorisée, le travail que cette île déshéritée ne peut leur donner. C'est ce qu'ils font presque tous, en s'écoulant vers l'Australie, la Tasmanie, la Nouvelle-Zélande, après une rapide expérience de la Nouvelle-Calédonie, du régime militaire et de l'avenir qu'il peut leur faire espérer.

Mais ce dont le rapport officiel n'a garde de dire un mot, c'est la situation des défenseurs de la Commune, qui ont été jetés au bagne côte à côte avec les plus vils scélérats, de ceux qu'on bat et qu'on mutile et qui meurent sous le fouet. Nous serions curieux d'avoir, à cet égard, ses explications. Le gouvernement de Versailles niera-t-il que les forçats politiques soient systématiquement maltraités ? Niera-t-il que les peines corporelles soient toujours appliquées au bagne ? Niera-t-il que

la faim soit employée comme moyen coercitif dans cet enfer ?
Niera-t-il aussi que la démoralisation la plus abjecte soit le
résultat de ce système pénitentiaire ? Ou bien niera-t-il la
présence de deux ou trois centaines de condamnés politiques
au milieu des sept mille assassins, empoisonneurs et faussai-
res transportés à la Nouvelle-Calédonie ? S'il en est ainsi,
nous pouvons les nommer, car nous en avons la liste. Ce sont
les citoyens Trinquet, Urbain, Roques (de Fillol), Girault,
Soiphur (décédé), Martinut, Escache, Bertin, Humbert, Bour-
geois, Desprez, Blanc, Gæufer, Pelletin, Doë, Miraillet, Quen-
neville, Poncin, Chevalier, Gobin, Maroteau, Ruhlmann, Gui-
chanet, Lécolle, Bourguignon, Boyeux, Boisseau, Michelin,
Ducousseau, Letourneau, Lecomte, Messier, Aldenoffe, Thierry,
Mayer, Viard, Tavernier, Cohen, Perret, Fleury, Tauviron,
Girard, Brunel (fou), Vivagne (décédé), Bayle, Latour, Amou-
roux, Annoy, Jolivet, Lecerf, Maillot, Geresme, Kohler, Ray-
mond, Dunand, Faucher, Kubler, Lecomte, Guitton, Ræmer,
Giffault, Héliman, Mannoury, Brousset, Rigaud, Boutin, Bous-
sion, Liébert, Corniche, Pascal, Boitteaux, Rébert, Miuault,
Houet, Gasnier, Murat, Virtely, Douillet, Amary (décédé),
Desmoulins, Jamet, Masson, Bleine, Paye, Carlier, Chamil-
lard, Boudon, Raynaud, Pichot, Dufay, Bruchon, Gaude,
Yokmans, Robot, Charton, Pireux, Dervier, Perdrix, Guillot,
Chinardet, Dehenne, Bougardier, Finbert, Girardot, Villers
(décédé), Legrip, Meyer, Bothran (fou), Doré, Magnier,
Bailly, Bézias, Bry, Theis (décédé), Sauvage, Tromdesance,
Boudaille, Mazet, Pierret, Werner, Paillerot, Houldinguer
(décédé), Juhel, Morterol, Roger, Constant, Garnier (décédé),
Lable, Ménard, Caria, Eloi, Landry, Lambert, Girin, Amiot,
Etienne, Trouvé, Racine, Grélier, Fouillet, Fortin, Berthier,
Beaudoin, Allemane, Ramain, Pignet, Niclot, Filtesse, Ras-
toul, Sauser, Solignac, Renaudot, Adam, Buisson, Misme,

Chalier, Jacquet, Chachereau, Benoist, Chantereau, Naulot, Batton, Lisbonne, Jeanne, Lutz, Quétin, Largier, Marius, Picot, Louet, Fourche, Bistur, Huet frères, Lucipia, Lohou, Dacosta, Godard, Bareteau, Cornu, Van-Coulaer, Hénault, Blam ia, Paillet, Phalippon, Gaultier, Turlutte, Cuzin-Clarchat, Vinot, Scheneck, Thierry, Leprince, Bufferne, Lavenir, Carré, David, Clouart, Labussière de Médicis, Gamard, Job (décédé), Dumont, Carpentier, Deléafernot, Volly, Lacaille, Guillermitte, Brissac, Dubreuil, Laloge, Velcomme, Pontillon, Dupont, Liége, Rabichon, Eraud, Lenotre, Néant, Roussel, Sarale, Clément, Fournier, Morel, Gadouin, Delibessart, Charvet, Ducos, Roger, Lestage, Malaret, Parrenin, Meyer, Renoux, Bossard, Varrache, Meunier, Légal, René, Bonavant, Arnanpy, Cabanon, Novi, Beauche, Roux (1).

En résumé, le plaidoyer officiel du gouvernement de Versailles laisse intactes toutes nos affirmations. Il reste acquis que, sur 4,000 déportés, 400 à peine, c'est-à-dire 1 sur 10, ont pu trouver de l'emploi et un salaire ; il reste acquis que les autres sont maintenus dans une inaction démoralisante et sans issue ; il reste acquis que la famille n'a pu être organisée en Nouvelle-Calédonie, en raison de cet insuccès manifeste ; il reste acquis que le gouvernement français se débat dans une impasse, qu'il dépense neuf millions par an pour entretenir et garder aux antipodes, sans utilité pour eux ni pour la société, cette poignée d'infortunés, et qu'en dépit de cette dépense considérable et improductive, ils y sont plongés dans la misère la plus désespérante ; il reste acquis enfin que près de 300 condamnés politiques sont soumis au régime avilissant et barbare du bagne. A l'opinion publique de dire si de tels résultats peuvent être défendus ; si, moralement, humainement et politiquement, ils sont justifiables.

(1) Depuis, 20 autres forçats de la Commune ont été dirigés sur le bagne.

DOCUMENTS

Plus de deux années se sont écoulées depuis l'événement heureux qui nous a permis de faire entendre le cri de douleur de la déportation, de raconter ses souffrances, de révéler les traitements auxquels sont soumis plus de quatre mille défenseurs de la Commune de 1871.

Beaucoup croyaient que cette épouvantable situation ne pouvait se prolonger ; beaucoup espéraient que l'Assemblée *républicaine* de 1876 rendrait à ces quatre mille martyrs la justice qui leur est due, et mettrait un terme aux maux qu'ils subissent depuis cinq années.

Il n'en a rien été.

Nous complétons les pages qui précèdent, par la publication des dernières lettres venues de la Nouvelle-Calédonie ; elles nous montrent que, loin de s'améliorer, la situation de nos malheureux camarades est devenue effroyable.

Le dernier gouverneur, le protestant converti au catholicisme, de Pritzbuër, a réussi à faire regretter l'assassin de Cayenne, Gauthier de la Richerie.

Un de nos camarades de la déportation nous écrit : mes chers amis, vous avez raconté ce que vous avez vu, ce que vous avez subi en Nouvelle-Calédonie. Qu'était-ce en comparaison de ce que nous souffrons maintenant ? La déportation de votre temps, était un purgatoire éclairé par un lueur d'espérance ; aujourd'hui c'est un enfer dont nous ne serons délivrés que par la mort ! ! »

Presqu'île Ducos, le 15 avril 1875.

Citoyens,

Vos amis, les déportés de la Commune de 1871, éprouvent le besoin de vous renseigner d'une manière certaine sur le sort qui leur est fait à la presqu'île Ducos et sur la position encore plus triste que l'avenir leur réserve. En effet, nous savons que le peuple travailleur, le seul de l'opinion duquel nous nous soucions, est, à notre égard, dans l'erreur la plus profonde. Nous comptons sur vous et sur la publicité dont vous disposez pour le dissuader.

Nous ne saurions trop vous mettre en garde contre le faux libéralisme des dispositions ministérielles prises vis-à-vis de la déportation. Ces documents ne peuvent tromper que ceux qui ne savent pas lire entre les lignes et qui ne connaissent pas l'hypocrisie des formules administratives. En y regardant de près, vous verrez ce que permettent les lois et décrets rendus à notre égard, et, du reste, la présente correspondance a pour but de vous montrer jusqu'à quel point une loi peut avoir un sens en Europe et un autre complétement opposé à 6,000 lieues de la métropole. — Tous les moyens ont été employés pour mettre un terme aux demandes d'amnistie de la popula-. tion. Ces appels réitérés devenaient importuns en montrant que, malgré la défaite et le régime de terreur en vigueur depuis, les principes communalistes rencontraient des sympathies de plus en plus grandes à mesure que les idées, cause du mouvement, étaient de plus en plus connues. Les documents officiels, le *Moniteur*, témoignaient des soins apportés par le gouvernement pour rendre heureux, même enviable, le sort des déportés. Cela ne devait étonner personne et nul ne pouvait ajouter confiance à ces panégyriques intéressés.

Mais les organes policiers, *Figaro*, petits journaux, etc.,

renchérissent et publient des lettres de déportés venant à
l'appui des dires du gouvernement. Pour qui ne sait dans quel
bas fond se rédigent ces feuilles, le doute était permis. Ces
lettres sont presque toutes des faux insignes, les unes signées
de noms inventés, les autres de noms connus. Des protesta-
tions ont été envoyées, mais nous ne croyons pas qu'elles
soient parvenues. Quelques déportés cependant, prenant des
promesses et des espérances pour des réalités, ont véritablement, dans le commencement, écrit des lettres insensées ; mais
ils ont été peinés et surpris de les voir détournées de leur destination : celle de consoler leurs familles, pour les voir exploiter
par le machiavélisme gouvernemental.

Je ne quitterai pas ce chapitre des lettres des déportés sans
vous signaler un fait qui vous étonnera. Vous vous rappelez
sans doute que M. Thiers a déclaré solennellement à la tribune que la correspondance des déportés serait respectée.
Cette garantie était un peu illusoire pour nous qui sommes au
courant des mystères du cabinet noir. Cependant, les formes
étaient sauvegardées, les lettres nous arrivaient fermées et les
nôtres étaient remises closes à la boîte, quand le 1er juin 1874,
l'administration, perdant toute pudeur, publia le factum suivant : « Ordre du jour à la déportation — Les déportés sont
prévenus qu'à l'avenir leurs lettres seront remises décache-
tées à la boîte. Le commandant territorial, après en avoir pris
connaissance, les fera cacheter et remettre à la poste. — Signé : Le commandant territorial de la presqu'île Ducos, LANSE,
capitaine d'infanterie de marine. » — Les journaux n'arrivent pas du tout. Inutile donc de nous en envoyer, vous ne
faites que procurer un abonnement gratuit à ces messieurs.

Les journaux dévoués au gouvernement, et malheureusement d'autres aussi qui passent pour nous être sympathiques,
ont annoncé que toutes les facilités avaient été données aux

déportés pour travailler ; ils ont ajouté en même temps que nous avions fait au bon vouloir de l'administration une opposition systématique devant laquelle se seraient brisés ses efforts. « Ils ont bien raison ! » se serait écrié M. Georges Périn à l'Assemblée. — Les allégations ministérielles et officieuses étaient complétement fausses, et la riposte du député n'avait pas lieu d'être. En effet, ce qui pouvait être logique pour les déportés de 1851 ne l'a pas semblé aux déportés de 1871. Tous travailleurs, ils ont cru en général qu'il était de leur devoir d'accepter le travail libre et de faire tous leurs efforts pour l'organiser. Ils n'avaient ni matériel, ni matières premières, ni relations avec l'extérieur. Ils étaient sans abris, puisqu'on ne peut ainsi considérer quelques cases en bois et quelques tentes dans lesquelles, entassés dix par dix, ils avaient à peine la place pour se remuer et, par conséquent, pour travailler. Tout était à faire ; mais l'administration, à cette époque, n'apportait que les entraves passives qu'apporte toute centralisation à l'organisation du travail. Les relations avec Nouméa n'étaient pas faciles, mais l'accès de la presqu'île n'était pas interdit aux commerçants. Du travail administratif à la tâche pour la construction des routes permettait de réunir les premiers fonds indispensables à l'achat du matériel. Les outils alloués par l'État n'étaient pas distribués, mais rien n'empêchait d'en acheter. Malgré les faibles ressources qui leur étaient laissées, les déportés se mirent à l'œuvre, et, au bout d'un an, les vallées qu'ils habitaient étaient complétement transformées. Des maisonnettes réjouissaient la vue de tous côtés. Les professions s'organisaient ; beaucoup d'ouvriers déjà, s'étant créé des relations avec le commerce de Nouméa, exerçaient leur métier et apportaient par leur travail des adoucissements à leur position. On pouvait espérer que, dans un avenir peu éloigné, la déportation serait le plus sérieux appoint de la colonisation. —Nous en étions là quand plusieurs coups successifs vinrent mettre à néant toutes les espérances et jeter le découragement dans tous les esprits.

Voici un extrait de la circulaire ministérielle qui commença à entraver l'organisation du travail. Elle est datée du 15 avril 1873, signée Pothuau, et répond à une demande de crédit de 600,000 fr., faite par le gouverneur, M. de la Richerie:

« Votre lettre du 1er janvier 1873 rend compte de la situa« tion générale des lieux de déportation. Elle se termine par « une évaluation du coût des travaux de la déportation au « sujet des salaires à allouer aux déportés qui demandent du « travail. Le travail, dites-vous, nécessite un crédit de « 600,000 fr. pour l'année 1873. La question du travail des « déportés me préoccupe autant que vous, mais je ne saurais « admettre que la loi de 1850 puisse recevoir sur ce point une « interprétation entraînant pour le Trésor une dépense de « 600,000 fr. Il n'est jamais rentré dans l'esprit du conserva« teur de créer au profit des déportés un droit de travail. Il « suffit de lire avec attention l'article 6 de la loi de 1856 pour « en être convaincu, car cet article n'oblige le gouvernement « à pourvoir à l'entretien du condamné qu'autant que celui-ci « est hors d'état d'y subvenir à l'aide de ses propres res« sources. Il en ressort clairement que le jour où l'administra« tion ne peut fournir du travail aux déportés, elle a rempli « toutes ses obligations envers eux en leur fournissant un abri, « l'habillement et les vivres. *Si l'on admettait le droit au tra« vail pour les déportés, on ne tarderait pas à se voir renou« veler le scandaleux exemple des ateliers nationaux de 1848.* « Il semble de tout ce qui précède que l'administration n'a « le devoir de fournir en fait de travail que celui dont elle « dispose, c'est-à-dire celui qui est limité par les crédits qui « lui sont nécessaires pour assurer les besoins qui lui sont

« propres, ou bien encore le travail que peuvent lui apporter
« les demandes de l'industrie privée. Cette source de travail
« manque encore à la Nouvelle-Calédonie, et il est préférable
« de la laisser se créer elle-même au profit direct des con-
« damnés en favorisant leurs rapports avec les habitants en
« tout ce qui n'est pas contraire aux règlements en vigueur.
« Les habitudes, les traditions administratives se ploient dif-
« ficilement aux nécessités des entreprises industrielles et
« commerciales, et il sera bien plus profitable au développe-
« ment de la colonie que les déportés apprennent, à leurs ris-
« ques et périls, à satisfaire aux nécessités de leur situation.
« Il faut donc chercher ailleurs que dans les travaux fournis
« par l'administration la solution d'une difficulté que je recon-
« nais très-grave, et dont la solution doit, tout en assurant la
« bonne exécution de la loi, concourir à la prospérité de la
« colonie..... » — Suit la recommandation de favoriser l'établissement des déportés simples sur la grande terre et de donner des encouragements à la culture en distribuant des outils
et des graines. — Continuons : « En ce qui concerne les dé-
« portés en une enceinte fortifiée, qui ne se livreront pas à la
« culture, il y aura lieu de faciliter leurs rapports avec les
« habitants de Nouméa, qui pourront trouver le moyen de faire
« exécuter par les déportés des travaux auxquels ne suffiraient
« pas les bras des hommes libres. Vous reconnaîtrez qu'en
« agissant ainsi, l'administration remplira d'autant mieux les
« obligations qui lui sont imposées par la loi, qu'elle assurera
« non-seulement le présent, mais aussi l'avenir des condamnés
« qui lui sont confiés. »

A la suite de cette circulaire, les travaux administratifs sont
supprimés. Nous sommes de l'avis du ministre en ce qui concerne les ateliers nationaux ; mais il n'en est pas moins vrai
que, dans le cas présent, alors que le travail administratif

était le seul moyen que pussent avoir les déportés de se procurer le matériel nécessaire à l'exercice de leur profession, la suppression brusque des travaux était un coup mortel porté aux efforts des déportés; car de distribution d'outils et de graines, il n'en fut pas question : les seuls outils distribués l'avaient été contre remboursement. La colonisation de la presqu'île était donc réduite, par le fait d'une mesure inintelligente et précipitée, au travail des déportés, auxquels huit mois avaient suffi pour se procurer leur matériel. En outre, ceux-là seuls auxquels les commerçants fournissent la matière première pouvaient travailler.

Un ralentissement considérable dans le mouvement ascendant de la déportation s'était donc opéré, quand un événement arriva qui nous plaça dans de toutes nouvelles conditions. — Le 18 mars 1874, singulier hasard si on rapproche cette date de celle de la proclamation de la Commune, Rochefort, Grousset, Jourde et Pain partaient de la presqu'île sur un navire anglais. Grande fut la joie des déportés, mais la rage des députés ne connut plus de bornes, et le gouvernement envoya un agent énergique, le contre-amiral Ribourt, avec de pleins pouvoirs pour prendre toutes les mesures nécessaires pour prévenir les évasions. — Le plénipotentiaire arriva en juillet, et un déluge de restrictions et de mesures vexatoires nous assaillit de tous côtés.

Je vous en énumérerai quelques-unes, non pas pour vous porter à nous plaindre, vos plaintes et les nôtres sont incompatibles avec la dignité que nous devons conserver vis-à-vis de nos adversaires, mais simplement pour vous démontrer que tout travail devient impossible. — Une grande perturbation, une véritable crise commerciale eut lieu à Nouméa par suite du renvoi de trois cents déportés simples employés par les commerçants; cinq de ces derniers, accusés d'être trop sympathiques aux déportés, furent renvoyés. Le gouverneur de la Calédonie, assez bon administrateur, fut remplacé par un colonel d'infanterie de marine, Alleyron, qui s'était distingué dans les massacres de Paris. — Pour la presqu'île, les rapports avec Nouméa furent complétement supprimés ; plus de commandes possibles. Trois cantines établies dans le camp Humbo, et qui faisaient travailler les déportés, furent remplacées par un établissement administratif tenu par un gendarme. Une interdiction fut mise sur les sommes envoyées par les parents et amis.

Nous ne pûmes plus toucher que 25 fr. par semaine, et, comme conséquence, le travail que pouvaient faire entre eux les déportés fut complétement annulé. Toutes ces mesures, annulant la colonisation, furent accompagnées d'autres ayant pour but de restreindre la liberté dont nous jouissions à la presqu'île.

Quand nous arrivâmes, nous ne subissions pour ainsi dire pas d'appel ; un de temps en temps, et c'était tout. Nous n'avions pas un mot à dire ; rien ne règle dans la loi le degré de liberté dont nous pouvons jouir dans l'intérieur de nos limites. Il y est dit que nous pouvons avoir toute la liberté compatible avec la garde de nos personnes. Mais cette phrase ne limite rien et permet tout à l'arbitraire administratif. Nous avons maintenant deux appels par jour ; défense de sortir de nos cabanes entre le coucher et le lever du soleil, et une foule d'autres prohibitions qui nous lient totalement les bras. La loi nous accordait comme territoire de la déportation la presqu'île Ducos tout entière. Lorsque nous arrivâmes, un tiers seulement nous fut accordé, avec promesse de reculer les limites à mesure de l'augmentation de la population. — Depuis ce temps, le nombre des déportés a quadruplé, et, bien loin d'augmenter, le territoire qui leur était affecté a été restreint. Pour faire leur cuisine, les déportés allaient chercher du bois dans une petite forêt située à l'ouest de la presqu'île. Le contre-amiral plénipotentiaire visitant les lieux, son imagination lui représenta tous les arbres transformés en bateaux propres à l'évasion, et la forêt fut interdite. Cependant, comme nous ne sommes pas encore habitués à manger crus notre ration de viande et nos haricots secs, il fut décidé que l'administration nous fournirait un kilogramme de bois par homme et par jour, à peine de quoi faire notre café le matin, et bien souvent notre bois est oublié, ce qui nous oblige à dégarnir des moindres broussailles l'espace restreint qui nous est laissé et à le convertir en un véritable désert.

Tant que des mesures restrictives furent prises, les déportés souffrirent, mais supportèrent patiemment ce qui, à la rigueur, était dans la loi. Comme partout, les subalternes, jusque-là maintenus et même regardés de haut par les déportés, se voyant soutenus, relevèrent insolemment la tête.— Ce n'était pas encore assez de nous faire subir des appels à tous moments, il fallait encore nous faire jouer aux petits soldats, nous organiser en sections, demi-sections, escouades, nous faire répondre sur deux rangs. Plusieurs tentatives faites avaient échoué. Les déportés, conservant leur dignité, voulaient bien faire constater leur présence, mais voilà tout. L'administration, pour nous contraindre à accepter les formes prescrites par elle, afin de nous militariser, employa un stratagème qui, dans un pays civilisé, aurait conduit loin son éditeur et ses complices. Il fut affiché que ceux qui ne se conformaient pas aux règlements seraient privés de vivres jusqu'à obéissance complète. Un grand nombre résistèrent pendant plusieurs jours ; mais il fallut enfin céder, malgré l'assistance mutuelle devant la faim. Plus de trois cents rations se trouvèrent ainsi détournées de leur destination. C'est une iniquité doublée d'un vol. Un de nos amis, Passedouet, prit de force sa ration à la cambuse et fut puni de huit jours pour avoir « soustrait à la cambuse une ration de pain à laquelle il pouvait avoir droit, mais qui ne lui avait pas été délivrée. » Cette phrase est extraite du rapport.

Une autre affaire aussi qui s'est dénouée en conseil de guerre. Le 1er janvier 1875, les surveillants se présentent ivres à l'appel ; un d'eux s'élance, revolver au poing, sur un déporté qui quittait les rangs après avoir été appelé. Plusieurs camarades, voulant empêcher un meurtre, s'interposent. Il ne faut pas davantage pour constituer une tentative de révolte. Des déportés sont arrêtés au hasard ; l'un d'eux est mis en sang par les agents qui le conduisaient. Un autre est condamné à un an de prison après une longue prévention.

Je ne vous ai parlé que de menaces de coups de revolver, mais il ne faut pas croire que l'on s'en tienne là à notre égard. Dernièrement encore, l'un de nous a été atteint dans son domicile d'une balle qui lui a traversé le bras. Un surveillant, encore en état d'ivresse, celui-là le visait à la tête, et le déporté n'a dû la vie qu'au mouvement instinctif qui lui a fait porter la main à son visage. Notre camarade, pour tout crime, avait été chercher du bois dans la forêt interdite. — D'autres déportés ont eu à essuyer des coups de revolver ; jusqu'à présent, aucun n'a été tué.

Vous voyez de quelle manière est respectée notre existence.

Voyons maintenant comment les amis de la propriété traitent leur idole.

La presqu'île Ducos a été divisée par lots, et les concessions accordées à ceux qui les demandaient. Beaucoup se sont livrés à la culture d'un sol aride et, avec beaucoup de peine, sont arrivés à se procurer quelques malheureux légumes. Eh bien ! vient la suppression de la forêt. Tous ceux qui habitaient les environs sont instamment dépossédés et forcés d'abandonner leurs maisons et leurs cultures pour venir habiter à dix dans les cases de l'administration. Dix-huit mois d'efforts de perdus, et il faut y être pour savoir ce que coûte le défrichement de terres vierges, sillonnées de broussailles. Et pas la moindre question d'indemnité, l'administration nous l'avait donnée, l'administration nous l'a ôtée, que sa sainte volonté soit faite.

Dernièrement encore, le territoire d'habitation de la déportation ayant été restreint à deux vallées, tous ceux qui habitaient les autres se sont vus contraints de venir loger chez des camarades ou dans des cases. Ils abandonnaient ainsi leurs maisons; il est vrai que, comme elles restent situées dans l'intérieur de notre enceinte, ils ont le droit d'aller les visiter pendant le jour. Bonne plaisanterie servant de couverture à un vol inique. Du reste, on ne se gêne guère avec les vivres et les effets qui nous sont alloués. Les effets sont ceux qui ont été fabriqués pour la guerre et font partie de ces fameux tripotages que quelques scandaleux procès ont dévoilés. Nos faibles rations nous arrivent tronquées et le plus souvent en marchandises avariées.

Les distributions d'effets ont lieu en retard, avec cette circonstance aggravante que, comme il n'y a pas de rappel, leur durée compte du jour où on les délivre. C'est une dilapidation générale, et, du reste, je crois que cette manière d'opérer constitue le fond du système colonial.

Le 18 janvier, le *Calvados* a amené cinquante-neuf Arabes. Ces malheureux, que leurs préjugés religieux forcent à se priver de tout ce qu'on peut leur donner à bord : cochon, salé, bœuf, vin, sont arrivés dans un état déplorable. Le scorbut avait exercé parmi eux d'affreux ravages. Leurs jambes étaient remplies d'ecchymoses livides ; leur démarche était chancelante ; plusieurs ne pouvaient faire trois pas sans s'asseoir. Deux surveillants armés de chassepots conduisaient ces hommes à moitié morts, les forçant brutalement à recharger leurs matelas, qu'il aurait été si facile de transporter sur les voitures de l'administration.

Des charrettes suivent portant les malades. Sur l'une d'elles deux matelas, sur l'un un cadavre qui dessine des plis à travers une couverture grise, sur l'autre un malade, qui succombe deux jours après. Ce dernier se couvre le yeux de ses deux mains pour éviter qu'ils ne soient brûlés par le soleil. Ces inhumanités se passent de commentaires.

Le 8 février 1875, 45 déportés, pris au hasard, dont quatre femmes, ont leurs vivres réduits à la ration de pain et de légumes secs ; quelques-uns de ces malheureux ont plus de soixante ans. La teneur de l'arrêté étant insultante pour les femmes, les maris de deux d'entre elles réclament, appuyés moralement par toute la déportation. Ils acceptent de passer pour ce fait en conseil de guerre. L'un d'eux est condamné à six mois de prison et 500 fr. d'amende, et l'autre à dix-huit mois et 8,000 fr. Leurs lettres étaient blessantes, paraît-il, pour ces messieurs de l'administration, qui se jouent de l'honneur des femmes et des souffrances physiques des déportés. — Les déportés ont répondu par un bel acte de solidarité: ils se sont arrangés pour partager leurs vivres avec leurs camarades privés de leurs rations !

L'administration vient de nommer un agent pour servir d'intermédiaire entre les déportés et les commerçants. Mais les commerçants, n'ayant aucune garantie et déjà éprouvés par la première crise, ne se hasardent qu'en tremblant à donner de l'ouvrage. D'un autre côté les déportés n'ont ni outillage, ni faculté pour se procurer des matières premières. C'est donc encore un avortement.

Cependant, en parallèle à cette mesure insuffisante, il vient d'être affiché que les déportés ayant deux ans de présence à la presqu'île n'avaient plus droit aux vêtements et aux vivres, qu'en conséquence, au bout d'un an, le retranchement s'opérerait.

Une porte de sortie est cependant ouverte. Ceux qui ne pourront se procurer du travail, pourront travailler sur les chantiers de l'administration en échange de leur nourriture, sans salaire. Les condamnés aux travaux forcés ont la même nourriture que nous et ont un salaire, minime il est vrai, mais ils en ont un.

Nous vous envoyons ces renseignements sans commentaires, avec les documents à l'appui. Nous vous prions de leur donner le plus de publicité possible, afin que nos amis sachent que, dans un an, nous serons tous soumis au régime des condamnés aux travaux forcés à perpétuité.

Salut et fraternité.

(Suivent les signatures.)

« Ile Nou, 15 février.

« Je m'isole le plus que je peux, mais il est des heures où il faut que je sois au bagne sous peine de mourir. Il est des heures où il faut que je défende ma ration contre la voracité de mes compagnons, que je subisse le tutoiement d'un Mano ou d'un Lathauer. — C'est horrible, et je rougis de honte quand je pense que je suis devenu presque insensible à toutes ces infamies. Ces misérables sont lâches, et ils ne sont pas nos moindres bourreaux. — C'est à devenir fou, et je crois que plusieurs d'entre nous le deviendront. Berésowski, ce malheureux qui a tant souffert depuis huit ans, l'est presque devenu, et il fait peine à voir. C'est terrible! et je n'ose penser à cela. Combien de mois, d'années nous faudra-t-il passer encore dans ce bagne ? Je frémis à cette pensée...

« Malgré tout, croyez bien que je ne me laisserai pas abattre ; j'ai la conscience tranquille et je suis fort. Ma santé seule pourrait me trahir et être vaincue, mais je suis sûr de moi et je ne faillirai point...

————

« **25 mars.**

« Notre pauvre ami Gustave Maroteau est mort ! mort misérablement sur un grabat du bagne, épuisé par la souffrance. Il a été admirable de courage, et, jusqu'à sa dernière seconde, il a conservé sa raison. Il a chassé le prêtre étant à l'agonie, et il nous souriait en disant : « Ce n'est pas une grande affaire de mourir, mais cependant j'eusse préféré le plateau de Satory à ce grabat infect. Ils savaient bien, les misérables, en me refusant cette mort et en m'envoyant ici, que cela durerait plus longtemps, mais que c'était aussi sûr ; je meurs, mes amis, pensez à moi... mais que va devenir ma mère ? « Il lui dicta une lettre d'adieu. J'étais près de lui ; c'était navrant. Il pense à tous ses amis d'Europe ; je lui parlai de vous, et il me chargea de vous envoyer un dernier adieu.

« Nous l'avons enterré nous-mêmes, sans prêtre, et il repose dans un coin du cimetière du bagne ! !

« Transportons-nous à l'île des Pins.

« Il fut un temps — il n'est plus — où l'on accordait aux déportés des concessions de terrain. Ils les ont cultivées et y ont bâti des cases.

« Quelques-uns d'entre eux chantent une chanson après huit heures du soir. Le lendemain, des surveillants arrivent ;

ils détruisent et incendient maisons et récoltes, et conduisent en prison nos camarades.

« L'île des Pins est, du reste, moins favorablement située que nous. Ici, l'arbitraire ne peut être absolu. Malgré tou es les précautions prises, un écho de nos plaintes peut se faire entendre de temps en temps dans les colonnes de vos jour- naux, et cela suffit pour que nos geôliers reculent devant cer- taines atrocités.

« L'île des Pins est complétement isolée sous le rapport des communications.

« Ce sont de véritables supplices que subissent ceux des déportés simples qui veulent conserver leur dignité. Ils sont jetés sous un hangar, pris par les pieds entre deux bancs de bois, que vous avez pu voir figurer parmi les instruments de supplice de la sainte Inquisition. Ils restent des mois entiers dans la même posture, sur la terre humide. Quelquefois, par un raffinement de cruauté, les pieds dans la barre de justice, couchés à plat ventre et les mains attachées derrière le dos. A la moindre plainte, on les expose, dans cette position, à l'ar- deur du soleil des tropiques. Un d'entre eux, que j'ai vu, n'avait dû qu'à la compassion d'un surveillant, moins barbare que les autres, de ne pas expirer sur place. Celui-ci, voyant une congestion cérébrale imminente, lui avait jeté de l'eau fraîche à la face. Quel est donc le crime de ces malheureux ? Quelquefois d'avoir refusé d'obéir à la réquisition d'un agent lui demandant de prêter main-forte pour arrêter un cama- rade. »

. . . . , ...

« J'ai bien souffert ; le bagne de Toulon, la chaîne, la ca- saque, et, ce qui est pis encore, l'ignoble contact des crimi- nels, il m'a fallu tout subir. J'ai, il est vrai, pour consolation à tant de souffrances, ma conscience tranquille, l'amour de mes vieux parents et l'estime d'hommes tels que vous..... Combien de fois j'ai été découragé ! Que de défaillances, que de doutes se sont emparés de moi ! Je croyais aux hommes, et toutes mes illusions sont tombées une à une ; un travail s'est fait en moi, et j'ai failli ne pas résister à tant de désillusions.

« Je ne me le dissimule pas, ces années sont complétement perdues pour moi ; non-seulement ma santé est compromise, mais je me sens baisser tous les jours. Cette vie est vraiment trop dure à supporter, sans livres (sauf ceux de la bibliothèque Mame !), dans ce bagne immonde, en butte à toutes les injures, à tous les coups, renfermés dans des caves grillées ; dans les ateliers, traités comme des bêtes, injuriés par nos chiourmes et nos camarades de chaîne, il nous faut tout subir sans murmurer ; la moindre infraction entraîne des punitions terribles : la cellule, le quart de pain, les fers, les poucettes, le fouet. C'est ignoble, et je frémis en y pensant. Plusieurs de nos camarades sont à la double chaîne, dans le peloton de correction, soumis aux travaux les plus durs, mourant de faim, menés à coups de bâton, souvent à coups de revolver, sans communications avec nous, qui ne pouvons même pas leur faire passer une bouchée de pain. Henri Brissac, que vous connaissez, je crois, est dans cette catégorie depuis son arrivée, c'est-à-dire depuis six mois, et doit cela à M. Lapierre, capitaine du navire la *Loire*. Qu'à-t-il fait ? Il n'en sait rien. Combien d'autres encore sont dans sa situation ! C'est terrible, et j'ai peur que tout cela ne finisse pas bientôt. Mais on protestera, on ne nous abandonnera pas ; ce serait horrible si on nous laissait là ! Je suis dans l'impossibilité de travailler, aussi ai-je raison de dire que ces années sont complétement perdues, et cela me désespère ; j'étais cependant disposé à apprendre, mais que faire sans livres et sans guide ?

« Nous sommes presque sans nouvelles. Nous savons cependant que la République s'affirme tous les jours ; notre espoir est là, mais je n'ose trop y croire ; nous avons eu tant de déceptions depuis deux ans ! »

. . . .

———————

(Extrait du *Moniteur de la Nouvelle-Calédonie*, n° 6811, 7 avril 1875.)

———

Arrêté au sujet du travail des déportés, du 31 mars 1875.

Le gouverneur, chef de la division navale,

Vu la loi du 25 mars 1873,

Vu la dépêche ministérielle du 12 septembre 1874,

Vu la lettre de M. le garde des sceaux en date du 11 juillet 1874,

Vu les instructions de Son Exc. le ministre de la marine et des colonies au gouverneur de la Nouvelle-Calédonie, en date du 16 septembre 1874 ;

Considérant qu'il ressort du § 2 de l'art. 6 de la loi du 8 juin 1850, que si le législateur a eu l'intention d'obliger l'Etat à venir au secours des déportés, alors que, malgré leurs efforts, ils ne sont point parvenus à pourvoir à leur existence, il n'a pu vouloir évidemment consacrer un droit à l'oisiveté,

Arrête :

Art. 1er. — Les déportés qui ne subviennent pas encore à leurs besoins par eux-mêmes doivent se préoccuper, dès à présent, de se créer des ressources suffisantes pour que l'Etat n'ait plus à leur venir en aide au bout d'un certain temps. Il faut que leur industrie ou le travail offert par l'administration les mette à même de vivre de leurs propres deniers. — Un an après la promulgation du présent arrêté, la ration complète ne sera plus donnée qu'aux hommes que leur invalidité ou leur incapacité physique mettrait hors d'état de travailler. — A cette époque, les délivrancees gratuite de viande cesseront. Elles pourront continuer à titre remboursable. — L'administration compte marcher graduellement dans la voie de réduction, de manière à être exonérée, après un certain temps qui sera ultérieurement fixé, des charges de nourriture, de vêtements, de couchage, etc., qu'elle a supportés jusqu'ici. — Elle tiendra compte cependant des circonstances exceptionnelles et de la plus grande difficulté qu'éprouveront les déportés de l'enceinte fortifiée à se créer des ressources suffisantes.

Art. 2. — En attendant, l'arrêté du 2 février 1875 continuera à recevoir son application, à mesure que les déportés compteront deux ans de séjour dans la colonie ; ceux qui vivent dans l'oisiveté seront mis en demeure de commencer à se créer des ressources par leur travail. En cas de refus, ils ne recevront plus que la ration réduite, telle qu'elle est définie par le susdit arrêté. Mais aussitôt qu'un déporté déclarera vouloir revenir sur vette décision et se remettre au travail, il rentrera dans le droit commun.

Art. 3. — Le directeur de l'administration pénitentiaire est chargé de l'exécution du présent arrêté, qui sera publié au Journal et au Bulletin officiels de la colonie, et rendu exécutoire, sauf approbation par le département.

Nouméa, le 31 Mars 1875.

Signé : L. DE PRITZBUER.

Pour le gouverneur,

Le Directeur de l'Administration pénitentiaire,

A. CHARRIÈRE.

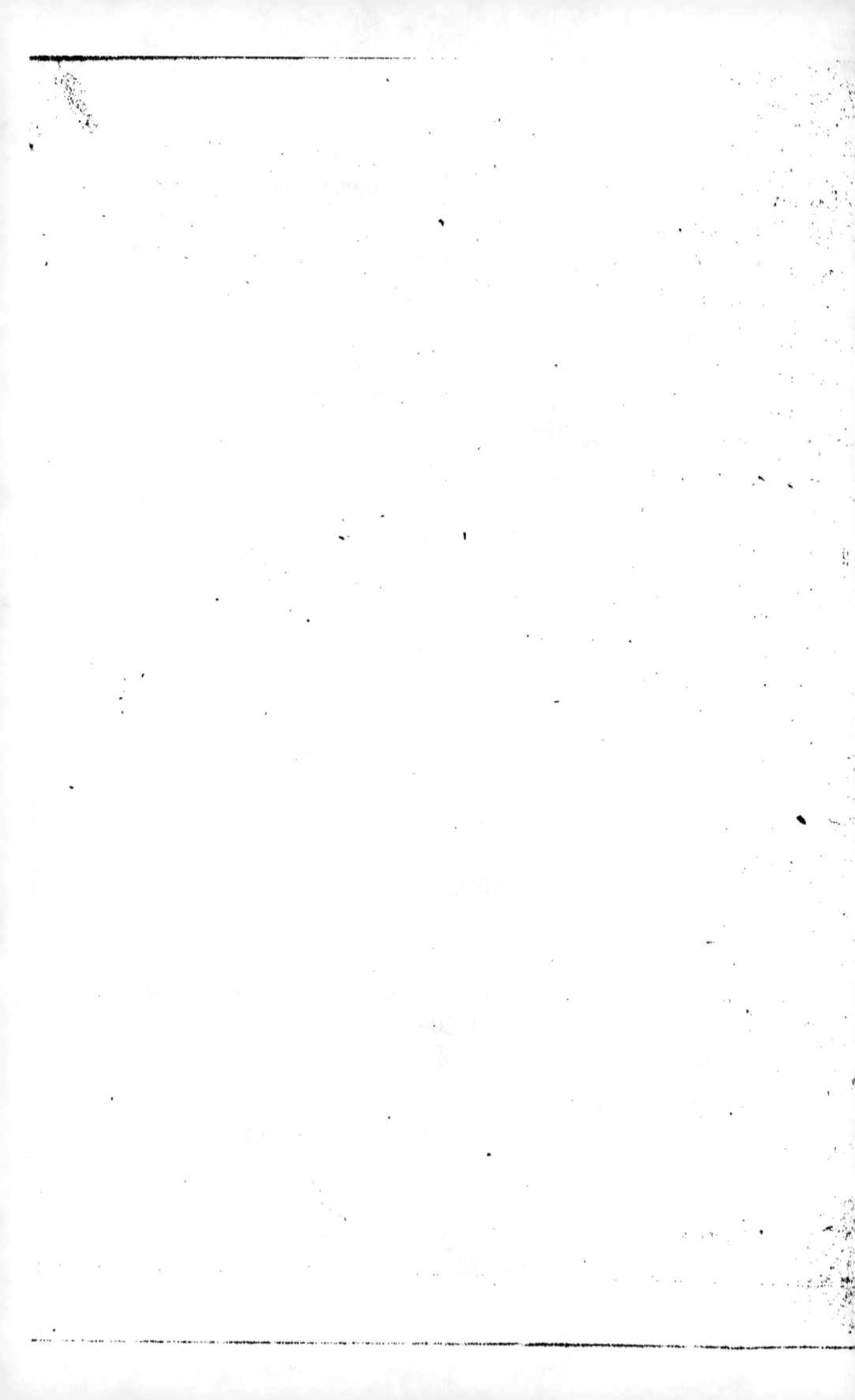

Genève. — Imp. ZIEGLER et C°, rue du Rhône, 52.

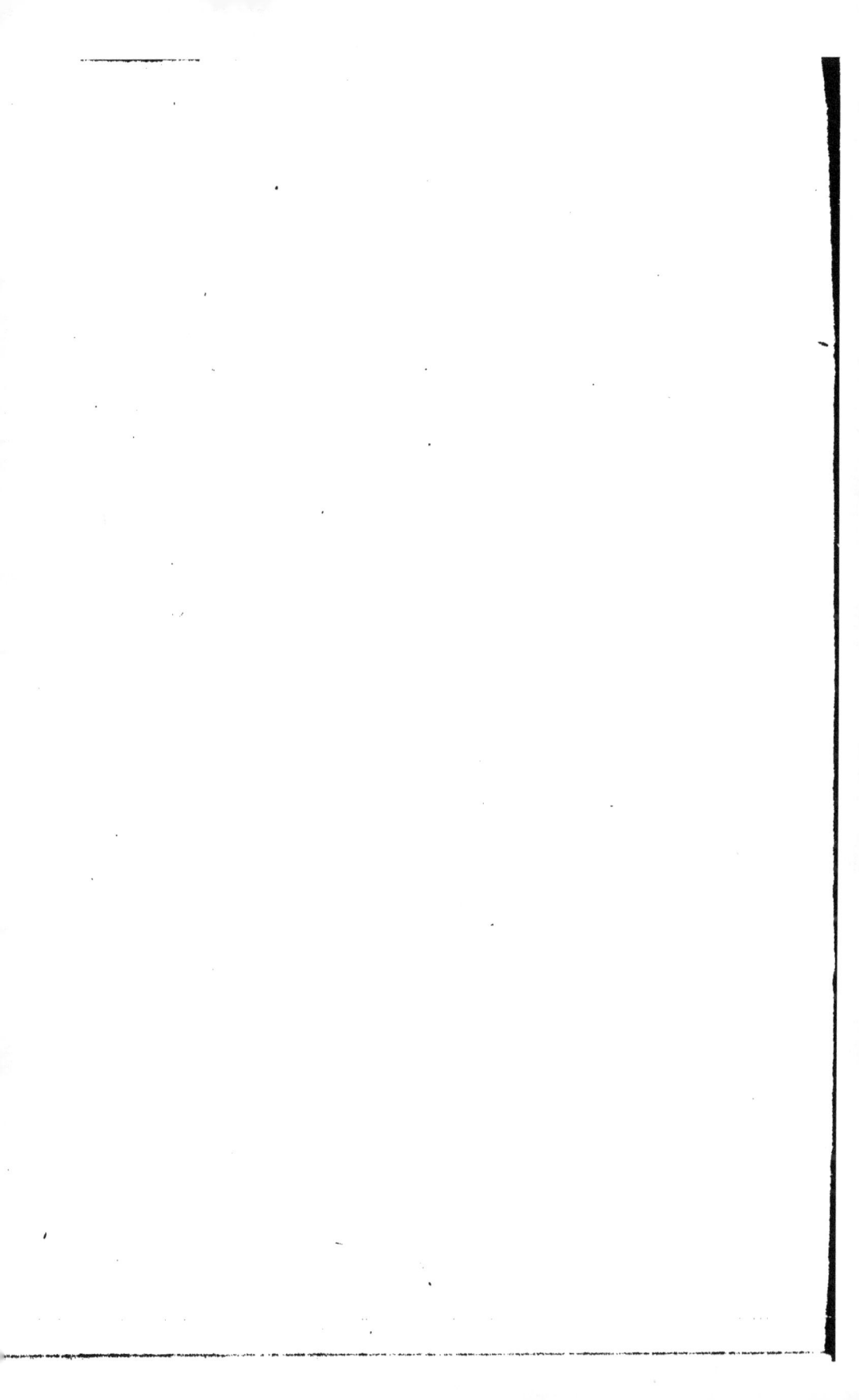

www.ingramcontent.com/pod-product-compliance
Lightning Source LLC
Chambersburg PA
CBHW070910280326
41934CB00008B/1658